Dir liebe Karin zum
75. Geburtstag gewidmet
Die Ingo

Ingo Ossendorff

Lateinamerika: Aspekte und Perspektiven der Politik

Politikwissenschaft

Band 70

LIT

Ingo Ossendorff

Lateinamerika: Aspekte und Perspektiven der Politik

LIT

Die Deutsche Bibliothek – CIP-Einheitsaufnahme

Ossendorff, Ingo
Lateinamerika: Aspekte und Perspektiven der Politik / Ingo Ossendorff. –
Münster : LIT, 2000
   (Politikwissenschaft ; 70.)
   ISBN 3-8258-5045-5

NE: GT

© LIT VERLAG Münster – Hamburg – London
   Grevener Str. 179   48159 Münster   Tel. 0251–23 50 91   Fax 0251–23 19 72

Alexandra und Friederike

„Ehrfurcht vor dem Leben"

Albert Schweitzer

Inhaltsverzeichnis

7

Vorwort

Anfang April des Jahres 2000 holten die US-Amerikaner auf dem Botschaftsgelände nahe am Rhein, der auf so vielfältige Weise Deutschlands Schicksal beeinflußte, mit einer Rede anläßlich der feierlichen Zeremonie ihre Flagge ein. Der Botschafter John Kornblum fand lobende Worte für Bonn, eine Stadt, die Deutschland in der Welt neues Ansehen brachte. Der Aufstieg Deutschlands verlief parallel mit dem Europas und war verbunden mit der Entkolonisierung der Dritten Welt und der Auflösung des Ost-West-Konfliktes. Berlin steht nun wieder für ein Deutschland, das seinen Platz in der Völkergemeinschaft gefunden hat.

Aufstieg hat zunehmend etwas mit Gemeinschaft zu tun, nicht nur mit Leistung. Dies haben im Zeichen der Globalisierung immer mehr Völker erkannt und versuchen vorteilhafte Pakte zu schließen. Im allgemeinen wird dabei viel zu wenig Rücksicht auf Rückständigkeit und Schwäche genommen. Manch kleines Land mit geringer Wirtschaftskraft und schlechter Infrastruktur fühlt sich an die Wand gedrückt. Andere spielen ihre Recourcen bei dieser Gelegenheit geschickt aus. Lateinamerika hegt nach wie vor die Überzeugung ein Recht auf Teilnahme an diesen Entwicklungen zu haben, ein Recht auf die gleichberechtigte Teilnahme, wenn möglich aus eigener Kraft. Die Bereitschaft dafür finanzielle Unterstützung zu geben zeigt sich allein dadurch, dass die Länder Brasilien und Mexiko in der Weltrangliste der Schuldnerstaaten die Ränge eins und zwei belegen. Zahlreiche Gespräche mit Botschaftsangehörigen und namhaften Politikern deuten auf eine insgesamt positive Entwicklung hin, in dem Bestreben die wirtschaftliche Stabilität bald zu gewinnen und Eigenständigkeit trotz globaler Verflechtung zu erlangen.

I. Einleitung

Lateinamerika war eine Front im kalten Krieg. So wie in Vietnam und in Europa die konträren Ideologien aufeinanderprallten, so manifestierten sich die Ost-West-Gegensätze in Lateinamerika in einer größeren Anzahl von Guerillakriegen, die mit zum Teil äußerster Brutalität ausgetragen wurden. Auch unter dem Anspruch Repression und Ausbeutung zu überwinden, kämpfte die Guerilla nach den Lehren und Vorbildern von Mao Tse Tung, Sandino, Che Guevara und anderen. War es zunächst nur der ländliche Bereich, den sich die Guerilla auch aus taktischen Gründen auswählte, so zeigte Carlos Marighella in seinem "Minimanual do guerillero urbano" Ende der 60er Jahre einen Weg auf, um das Militär an die Städte zu binden. Es begann der Kampf in den Favelas und Barrios. Als Beispiel seien die Stadt-Tupamaros in Uruguay genannt. Erfolge gab es allerdings nur wenige. Außer Nicaragua und El Salvador setzten sich die Guerillas nirgendwo durch. Im Gegenteil: Diktaturen traten an, die, wie z.B. in Argentinien im sogenannten "schmutzigen Krieg", zuerst die Terroristen, dann das Umfeld und zuletzt noch die Ängstlichen (nach General Iberico Saint Jean, dem Gouverneur der Provinz Buenos Aires) folterten und umbrachten. Für Guatemala beklagte bereits US-Botschafter Peter Wessey 1967 zahlreiche Foltern und Morde durch Soldaten in Guatemala (Washington Truth Commission). Aber die blutigsten Jahre der dreißigjährigen Kriegsperiode vollzogen sich in Guatemala von 1981 bis 1989. Auch hier wurde wie in Argentinien vorgegangen. Aber Honduras und Guatemala blieben von einer Entwicklung wie in El Salvador verschont, wie die Geschichte zeigt. Von den Guerilla-Bewegungen hielten sich lediglich in Kolumbien und Peru nennenswerte Gruppierungen. Eine Tendenz zum Narko-Terrorismus erreichte hier schon ungeahnte Ausmaße. Die Rauschgiftmafia nimmt wesentlichen Einfluß auf die Geschicke dieser Staaten. Der Kampf gegen den Drogenhandel war somit die Fortsetzung einer Politik der Härte unter Einsatz von Militär gegen Guerilla und die Drogenhändler.

Dennoch gelang es in den achtziger und neunziger Jahren die Demokratie in den Staaten Lateinamerikas als die herrschende Staatsform dauerhaft zu etablieren, so dass im Jahr 2000 als einzige vorhandene lateinamerikanische Diktatur Kuba verblieben ist. Die Opfer der Kriege allerdings mahnen zum Frieden. Allein in El Salvador starben 75.000 Menschen, in Guatemala waren es etwa 200.000 Tote. - Auch heute noch wird die Demokratie zeitweise gewaltsam außer Kraft gesetzt um dann bestimmte Vorstellungen durchzusetzen. So putschten im Januar 2000 in Ecuador unzufriedene Militärs und Indios um zu verhindern, daß der Dollar als Währung eingeführt wird. Der Hintergrund ist also ein wirtschaftlicher. Anfang der neunziger Jahre (1992) putschte Alberto Fujimori noch um die Demokratie zu retten und verhielt sich damit paradox. Zumindest deuten diese Beispiele an, dass eine Verschiebung stattgefunden hat. Es wird nicht mehr so sehr um den generellen politischen Weg gerungen. Es geht mehr darum, ob und wie stark die Position der Eigenständigkeit vertreten werden soll. Diese Entwicklung ist bemerkenswert. Angesichts der globalen Perspektive, welche sich zunehmend auftut, bekommen hier regionale Aspekte zunehmend mehr an

Gewicht in Wirtschaft und Politik. Zugleich verdeutlicht aber die zunehmende Abstützung der verschiedenen Währungen auf den Dollar die Janusköpfigkeit der betriebenen Politik. Nicht nur ausländische Investoren schätzen die mit einer dollarorientierten Politik verbundene Sicherheit ihrer Investitionen. Andererseits erscheinen auch Vorstellungen verständlich, die unter einer zu engen Dollarbindung auch eine Gefahr der Bevormundung zu erkennen glauben.

Europa hat nicht nur die historisch-kulturell gewachsenen engen Bindungen an den Halbkontinent. Es gibt darüber hinaus aktuell bedeutsame wirtschaftliche Bindungen, Verträge, Investitionen, und eine nicht geringe Zahl an Menschen, die immer wieder ihre Heimat dort finden. All dies verpflichtet mehr noch als die minimalen kolonialen Relikte zu einer deutlichen Haltung, die von Verantwortung und Umsicht geprägt ist.

II. Demokratie

Urnengang in Iberoamerika
Verfestigung demokratischer Rituale

Das Jahr 1994 war ein Superwahljahr, nicht nur in Deutschland sondern auch in Lateinamerika, wo die meisten Regierungen bis Ende des Jahres neu besetzt worden sind. Dass dies auf demokratischem Wege vonstatten ging, ist üblich und seit Ende der Ost-West-Spannungen unumstrittener denn je. Dennoch fragt sich auch der externe Beobachter, was lateinamerikanische Demokratien an Besonderheiten aufweisen, die sie von anderen westlichen Demokratien unterscheiden. Das sind in den meisten Fällen nicht einmal die in den Verfassungen proklamierten Grundsätze, die allemal auf Freiheit, Gleichheit und Brüderlichkeit lauten. Auch die Parteistatuten widersprechen selten den Verfassungen. Vielmehr nehmen sie deren Ziele ausdrücklich in ihr Programm auf. Folgende klassische Grundrechte sind Teil südamerikanischer Verfassungen: das Recht auf Leben, Freiheit, Freizügigkeit, Gewissens-, Meinungs- und Gedankenfreiheit, Rede-, Pressefreiheit, der Gleichheitssatz, die Garantie der unparteiischen Rechtspflege und der Unverletzlichkeit der Wohnung. Politische Bürgerrechte sozialer Art kommen dazu. -
Allerdings werden besonders die Freiheitsrechte eher als Gemeinschaftsrechte angesehen, die dann den verschiedenen gesellschaftlichen Gruppen zukommen, wie Arbeiter, Beamte, Kirchen, Studenten, Militär, etc. Auch werden die Individualrechte häufig als Programmsätze angesehen, die nicht an oberster Stelle stehen.

So fallen die Unterschiede zwischen dem Anspruch und der Realität auf, die dann Korruption, Machtausnutzung und mangelnde Gewaltenteilung unter anderem enthält. Dies liegt nicht unerheblich auch an der Parteienstruktur, die sowohl totalitäre als auch populistische und caudillistische Elemente enthält.

In Venezuela beispielsweise ist es nach Uslar Pietri (Gruppe der Notablen) Allgemeingut, dass es "sehr schwierig ist, eine so lahme, so unvollständige, so blinde und so schwerfällige Demokratie zu verteidigen." (Zitat 1992). - Schon Simon Bolivar, der südamerikanische Freiheitsheld gab im Jahr 1830 folgende Empfehlung:
"Das einzige, was man in Amerika tun kann, ist auszuwandern. Gran Columbia (heute Kolumbien, Venezuela und Ecuador zusammen) wird unweigerlich in die Hände entfesselter Massen fallen, um dann fast unmerklich überzugehen in die Hände kleiner Tyrannen aller Farben und Rassen."

Eine Erklärung für fehlende politische Effizienz ergibt sich unter anderem aus den Programmen der Parteien, die widersprüchlich sind und der Organisation derselben. Mit Ausnahme der Kommunisten gibt es kaum straff organisierte Parteien, die Zahl der Mitglieder ist gering und der Geldmangel bestimmt die Tagesordnung. Der Parteiaufbau ist charakteristischerweise nicht demokratisch, sogar bei denjenigen, die sich demokratisch nennen. Es dominiert der jeweilige Parteiführer und es gibt keine innerparteiliche Wahl, die das Führungsgremium erneuern würde. Die Folgen sind Verkrustungen des Gedankengutes erfolgloser Politiker. Parteispaltungen resultieren aus diesem Phänomen und die unübersehbare Vielzahl an kleinen Parteien, die sich in manchen Ländern zur Wahl stellen. Mexikos PRI hält sich auf diese Weise schon fast siebzig Jahre an der Macht! Es fehlen meist Parteiengesetze, die innerparteiliche Wahlen vorschreiben. So gestalten sich eine Reihe von südamerikanischen Ländern als Formal-Demokratien, die sich aber immerhin auf dem Weg zur Demokratie befinden, aber dennoch Gefahr laufen, nach Ineffizienz, Korruption, Terror und Anarchie einem Militärputsch zu erliegen.

Demokratisierungswelle während der achtziger Jahre

Land	Regime 1978 Demokratie	Regime 1978 Diktatur	Regimewechsel	Regime 1990 Demokratie	Regime 1990 Diktatur
Argentinien		•	1983	•	
Bolivien		•	1979/1982	•	
Brasilien		•	1985	•	
Chile		•	1990	•	
Costa Rica	•			•	
Dominik. Rep.	•			•	
Ekuador		•	1979	•	
El Salvador		•	1980	•*	
Guatemala		•	1986	•*	
Haiti		•			•**
Honduras		•	1982	•	
Kolumbien	•			•	
Kuba		•			•
Mexiko	•*			•*	
Nikaragua		•	1980/1990	•	
Panama		•	1989	•*	
Paraguay		•	1989	•	
Peru**		•	1980	•	
Uruguay		•	1985	•	
Venezuela	•			•	

* eingeschränkte Demokratien
** in Peru löste Präsident Fujimori im April 1992 den Kongreß auf, im November des gleichen Jahres wurde eine verfassunggebende Versammlung gewählt, die aber von wichtigen Parteien boykottiert wurde. Im Oktober 1993 wurde die neue Verfassung, die die Machtbefugnisse des Präsidenten erweitert, in einer Volksabstimmung knapp angenommen. In Haiti putschte das Militär im September 1991 gegen den demokratisch gewählten Präsidenten Aristide, der ins Exil gehen mußte.

An dieser Stelle sei auf einige wesentliche Eigenheiten des südamerikanischen Militärs hingewiesen. Historisch muß erwähnt werden, daß mit Ausnahme von Brasilien die Armeen bereits vor den Staaten bestanden. Die zivile Verwaltung, die Gemeinde und der Staat kamen erst später, soweit er in den zum Teil riesigen Territorien überhaupt präsent war. Auch heute noch ist insbesondere in den verelendeten Teilen der großen Städte, den "favelas" das Staatsgefühl recht unterentwickelt. - Streitkräfte werden nicht, wie in Europa, als Gegensatz zur Zivilherrschaft betrachtet. In südamerikanischen Staaten sind Streitkräfte eine Organisation für Aufsteiger aus unteren und mittleren Schichten der Bevölkerung und fühlen sich zur Mitwirkung an der Modernisierung des Landes berufen, oftmals allerdings ohne die Gesetze der Demokratie beachten zu wollen.

In diesem Zusammenhang seien hier vor allem die häufigen Menschenrechtsverletzungen in den zahlreichen, verschiedenen lateinamerikanischen Staaten angesprochen. Aber die arabisch-mediterranen Kulturen kennen keine Beweispflicht der Anklage, d.h. der Angeklagte muß seine Unschuld beweisen und nicht etwa umgekehrt, wie dies in Deutschland der Fall ist. Tiefgreifend war das Zeichen, das Papst Johannes Paul II. setzte, als er Südamerika erklärte, dass selbst verurteilte Mörder ein Recht als Mensch haben.

Hier wird klar, dass viele Ursachen der Verletzungen von Menschenrechten, deren Propagierung der angelsächsischen Kultur entstammt tiefer liegen. Dennoch sind sie weder von zivilen - noch von militärischen Regierungen zu billigen, was für uns selbstverständlich ist.

Südamerika befindet sich auf einem Weg des Wandels, der in den verschiedenen Staaten mit unterschiedlicher Intensität begangen wird. Politisch aber bedeutet dies: Gewaltenteilung, Rechtstaatlichkeit und Menschenrechte. In bezug auf die Wirtschaft erscheint eine Agrarreform in verschiedenen Staaten wesentlich, sowie die Marktwirtschaft verbunden mit sozialer Sicherung der arbeitenden Bevölkerung entscheidend. Auch wird klar, dass Gefahr nicht unbedingt mehr vom Militärregime ausgeht, da es doch von Lateinamerika insgesamt inzwischen abgelehnt wird.

Erfolg auf wirtschaftlichem Gebiet hatte beispielsweise der Peronist Carlos Menem in Argentinien. Nachdem er die Wirtschaft radikal von unrentablen Betrieben entrümpelt hat, der Peso sich stabilisiert hat und das Fluchtkapital zurückkehrte, peilte er seine Wiederwahl für das Jahr 1995 an. Wenn er auch das Wirtschaftswunder seinem Minister Domingo Cavallo zu verdanken hatte, trägt doch Menem die politische Verantwortung.

Auch in bezug auf die Zentralamerikanischen Staaten, das zeigte die zehnte San-Jose-Konferenz vom März 1994, sollte sich einiges verbessern. Bonn gab die Zusage, Zentralamerika zu einem Schwerpunkt der deutschen Außenpolitik zu machen. Vielfältige Investitionen und Hilfen wurden in Athen zugesichert. Den liberalen Wahlsieger aus Honduras Carlos Roberto Reina wird die Unterstützung in der Bananen-Frage gefreut haben.

Auch das vom zurückliegenden Bürgerkrieg gezeichnete El Salvador hatte mit dem rechtskonservativen Armando Calderon Sol seinen neuen Präsidenten. Hier galt es den Frieden zu bewahren und Versöhnungsfähigkeit zu beweisen, wie sein Vorgänger Christiani, damit das AK 47 Sturmgewehr des Guerilla-Chefstrategen Villalobos auch weiterhin nur Dekoration in dessen Büro blieb. Ehemalige Soldaten und Rebellen erregen noch heute durch kriminelle Delikte Aufsehen. - In Panama bei der ersten freien Wahl (nach 25 Jahren siegte Perez Balladares (PRD)). Der im Mai 1994 Gewählte hatte die Kanalübernahme vorzubereiten. - Zu dieser Zeit hat auch die "Schweiz" Zentralamerikas, Costa Rica ihren neuen Präsidenten gewählt. Jose Figuerez hieß er und es wurde von ihm verlangt, dass er die wirtschaftliche Lage des seit Jahrzehnten friedlichen aber wirtschaftsschwachen und demokratischen Landes verbessert. -

Während der 1994 erneut amtierende christdemokratische Präsident Chiles Eduardo Frei besonders als Garant für fortschreitende Demokratisierung angesehen wurde, hatte es der venezuelanische Präsident Ramon Velasquez in dieser Hinsicht schwerer. Zu tief war der Dschungel von Korruption und Intrige, den er seit der Amtserhebung von Andres Perez seit September 1993 zu beseitigen hatte. Perez wird der Tod von mehr als tausend Menschen während seiner Amtszeit zur Last gelegt. - Geradezu erstaunt hat die Welt der demokratische Machtwechsel in Bolivien, wo seit August 1993 Präsident Gonzalo Lozada mit einem indianischen Vize Victor Cardenas amtierte. Die Indios stellen zwar mit etwa siebzig Prozent der Bevölkerung eine beachtliche Mehrheit, waren an der Spitze jedoch bis dahin nicht vertreten. Wirtschaftlich hat sich die Situation des Landes danach verbessert, was man hingegen von Brasilien nicht behaupten kann. Drängende Schuldenprobleme und Inflation, verbunden mit Minoritätenproblemen, Umweltzerstörung, Armut und sozialer Sprengstoff warteten auf den im Oktober 1994 gewählten Staatschef Fernando Henrique Cardoso von der PSDB.

Worin liegt nun das Interesse Deutschlands an dieser Region? Zum einen ist Deutschland in der EG der weitaus größte Importeur lateinamerikanischer Produkte. Des weiteren fließen jährlich circa dreißig Milliarden DM an Investitionen dorthin, wo unter anderem auch etwa fünf Millionen Menschen deutscher Abstammung wohnen. Und nicht zuletzt hat unter dem Aspekt eines erweiterten Sicherheitsbegriffes nach der Auflösung des Ost-West-Gegensatzes auch Lateinamerika an Bedeutung gewonnen, nicht erst seit dem Blauhelmeinsatz von 900 argentinischen Soldaten in Bosnien-Herzegowina.

Optimismus regiert in Lateinamerika
zwischen demokratischer Öffnung und hausgemachten Krisen

Verfassungsänderungen oder eine neue Verfassung werden von verschiedenen Ibero-amerikanischen Ländern als ein Schritt zu verbesserten demokratischen Strukturen gesehen und sollen Mißstände beseitigen und Zukunft garantieren.

So verhält es sich auch im Beispiel Argentinien, wo vordergründig gesehen, Präsident Carlos Menem durch Verfassungsänderung die Möglichkeit seiner Wiederwahl erlangte. Diese, von "La Nacion" als Erbsünde bezeichnete Tatsache ist aber nur ein Aspekt der komplexen Materie. Vielmehr einigten sich über die Verfassungsreform im sogenannten "Pacto de Olivos" Menem und sein Amtsvorgänger und Chef der oppositionellen Union Civica Radical, Raul Alfonsin, demnach auf die wesentlichen Änderungspunkte. Der zukünftige Staatspräsident amtiert nach der neuen Verfassung nur noch vier Jahre und nicht sechs, wie bis dahin, allerdings bei möglicher Wiederwahl, welche dann aber abhängig ist vom Erfolg seiner Regierung. Auch wird er jetzt unmittelbar vom Volk gewählt, was bisher nicht der Fall war. Neu ist auch die Einrichtung der Position des Kabinettchefs, der vom Präsidenten ernannt und abberufen wird, aber auch vom Kongreß durch Mißtrauensvotum absetzbar ist. Der Handlungsspielraum des weisungsgebundenen Kabinettchefs richtet sich weitgehend nach der Persönlichkeitsstärke des Präsidenten und hat koordinierende Funktion.

Um die Macht des Präsidenten zu beschneiden, unterliegen bestimmte Dekrete der Kontrolle des Kongresses. Weitere Einflüsse der Opposition ergeben sich aus Änderungen bei der Senatorenwahl. Dabei wurde die Amtszeit von neun auf sechs

Jahre verkürzt, bei möglicher Wiederwahl. Bei der jetzt vorgeschriebenen Listenwahl sind zwei von drei Senatoren jeder Provinz von der stärksten Partei und einer von der zweitstärksten gewählt, was in der Praxis der UCR Raul Alfonsins bessere Möglichkeiten eröffnete als vorher. Das Mandat der 1995 gewählten Senatoren wird also bereits 2001 enden und sowohl Peronisten als auch UCR-Senatoren sind im Senat vertreten.

Ein weiterer wichtiger Punkt ist wohl die Verkürzung des Gesetzgebungsverfahrens, um zu vermeiden, daß der Präsident allzu häufig mit Dekreten regieren muß. Hier sind eine Reihe von Maßnahmen getroffen, deren Effektivität aber noch abgewartet werden muß. Im Zusammenhang mit der Verlängerung der Sitzungsperiode ist allerdings erkennbar, dass dem Kongreß jetzt mehr Arbeit zufallen sollte. Aber die Institutionalisierung eines Rechnungshofes und die Einrichtung eines Ombudsmanns sowie die Einrichtung eines Richterrates weist darauf hin, dass erheblich mehr Kontrolle stattfinden sollte.

Interessante Details der neuen Verfassung sind nicht nur ein unscharf konturiertes Superministerium sondern auch materielle Ansprüche, Gleichberechtigung von Mann und Frau (gegen den machismo), freie Bildung, Menschenrechtsverträge und in Art. 41 der Umweltschutz.

Ob die Verfassungswirklichkeit hält, was diese neue Verfassung verspricht, ist zweifelhaft. An skeptischen Stimmen mangelt es jedenfalls nicht.

Ebenfalls seine Verfassung reformiert hat Bolivien. So ist das Wahlrechtsalter auf achtzehn Jahre herabgesetzt, aber die Wahlperiode für Staatspräsident, Vizepräsident, beide Kammern des Kongresses sowie Bürgermeister und Gemeinderäte auf fünf Jahre verlängert. Insbesondere kam es zur Wahlrechtsänderung, die eine Stichwahl zum Staatspräsidenten nur noch zwischen den beiden bestplazierten Kandidaten zuläßt. Sogar eine Anlehnung an deutsches Wahlrecht hat es bei der Abgeordnetenwahl gegeben. Es wird die Hälfte der einhundertdreißig Abgeordneten in Direktwahlkreisen und die andere Hälfte über Listen gewählt. Die Änderungen des Wahlrechts der Abgeordneten sowie die Änderung der Amtszeit des Staatspräsidenten und eine Verlängerung der Sitzungsperiode des Kongresses trat im Jahre 1997 in Kraft. Damit wurde der Vorwurf umgangen, dass der Staatspräsident sich seine Amtsperiode selbst verlängere, wie in Argentinien. Die Änderung der kommunalen Wahlzeiten erfolgte bereits 1995. Aber das "Ley de Necesidad de las Reformas" bietet noch wesentlich mehr. Die Einrichtung eines unabhängigen Verfassungsgerichts wurde beschlossen, die Disziplinargewalt in der Judikative gestärkt und dem Kongreß die Einsetzung des Generalstaatsanwalts zugesprochen. Sie erfolgt in einer Wahl und nicht mehr durch Einsetzung vom Staatspräsidenten. Auf kommunaler Ebene wurde ein konstruktives Mißtrauensvotum gegen den Bürgermeister eingeführt.

Noch eine Reihe weiterer Änderungen, die auf Verlagerung und Kontrolle von Macht zielen, wurden vorgenommen. Keine entscheidenden Fortschritte machte die Dezentralisierung in Bolivien, einem Land, das sich als ein unitarischer Staat mit zentralistischer Verwaltung versteht. Die Bürgerkomitees, welche intensiv an der Verfassungsreform mitarbeiten, setzen auf Dezentralisierung in einer zeitaufwendigen Prozedur, welche sich über zwei Wahlperioden erstreckt. Argumente für einen Föderalismus wies der amtierende Staatspräsident Gonzalo Sanchez de Lozada mit dem Argument ab, "Bolivien habe schon eine schlechte Regierung und brauche daher nicht noch neun andere".

Wichtige Maßnahmen gegen Korruption und Machtmißbrauch konnten institutionalisiert werden. Wie problematisch sich die Lage im Andenstaat gestaltet, ist daraus zu ersehen, daß am 21. April 1995 die Verfassung außer Kraft gesetzt wurde. Wenn auch die Teilrevision der bolivianischen Verfassung positiv zu bewerten ist, warten noch viele Probleme auf die Modernisierer des sogenannten institutionellen Systems, insbesondere wenn der Gesetzgebungsprozeß abgeschlossen ist und die Gesetze Wirkung entfalten. Auch das wirtschaftlich erfolgreiche Land Kolumbien hat seine Verfassung reformiert. Da sich dies in der Amtszeit Gavria (el revolcon de Gavria) abspielte und Verkrustungen aufbrach, mußten Widerstände überwunden und Kämpfe durchgestanden werden. Erschwert wurden die Aktionen durch die zusätzliche Aufgabe, Volksbewegungen in das politische System zu integrieren, wie z.B. die Guerillabewegung Alianza Demokratica M19.

Die 1990 einberufene Verfassungsgebende Versammlung beschäftigte sich in der Folge mit Dezentralisierungsreformen, Einsetzung eines unabhängigen Verfassungsgerichts, einer

Oberstaatsanwaltschaft, nämlich der Verfassungsklage und Wahlrechtsänderungen, Maßnahmen zur wirtschaftlichen Öffnung (zum Beispiel. Zollsenkungen, Freihandelsabkommen) und zur Modernisierung des Staatsapparates (z.B. die Privatisierung, Umstrukturierung). Seit 1991 sind sowohl alle Senatslisten als auch alle Kammerlisten von den Bürgern aus allen Regionen des Landes wählbar. Dieser nationale Wahlkreis nivelliert den Vorteil der Landesfürsten. Auch sind Plätze für Minoritäten (Indianer, Schwarze) vorgesehen. Die ersten Präsidentschaftswahlen nach Verabschiedung der neuen Verfassung brachten am 19. Juni 1994 Ernesto Samper Pizano (liberal) an die Macht. Der bis 1998 amtierende Präsident führte die Modernisierungspolitik Gavrias fort.

Gedanklich setzt man sich auch in Ecuador mit einer Verfassungsreform auseinander. Hier fällt zum einen die Bestimmung auf, dass ein Präsident nur einmal im Leben amtieren darf, also eine für Reformvorhaben vorteilhafte personelle Kontinuität von vornherein entfällt. Zum anderen fällt die schwache Stellung des Parlaments ins Auge, da vier von fünf Parlamentariern lediglich auf zwei Jahre gewählt sind. Eine automatische Verlängerung der Amtszeit wäre ein Stilfehler gewesen. Sowohl für den Präsidenten als auch für die Abgeordneten sollte zunächst die Möglichkeit der Wiederwahl verfassungsmäßig verankert werden. Da diese 1996 noch nicht geschehen war, konnte der amtierende Staatspräsident Sixtu Duran Ballen bei den Präsidentschaftswahlen 1996 nicht mehr kandidieren. Seine Partei, die PUR, ausschließlich um ihn gebildet, verschwand. Im August 1996 wurde neuer Präsident: Abdala Bucaram.

Während schon die demokratisch verankerte Öffnung der lateinamerikanischen Gesellschaften bereits vielfältige Erfolge feiert, was Rückschläge allerdings nicht unmöglich macht, ist auch im wirtschaftlichen Bereich manches positiv zu verzeichnen.

Dies gilt leider nicht für Ecuador, wo die einseitige Ausrichtung auf das Erdöl dem Land kein Glück brachte. Korruption, unproduktive Vermehrung der Bürokratie sowie klientelistische Verteilungsprozesse haben zwar die Auslandsschulden eines begehrten Kreditnehmers in die Höhe schnellen lassen, nicht aber der Bevölkerung geholfen. Alles hängt am Erdöltropf, der im ersten Jahrzehnt des neuen Jahrtausends zu versiegen droht. Ein Programm unter dem Titel "Modernisierung des Staates" soll erfolgreiches Umsteuern signalisieren. Wichtige Punkte sind: Privatisierung der Staatsbetriebe, Abbau von Handelsschranken, staatlicher Bürokratie, sozialer Subventionen, von Protektion der Industrie und von staatlicher Verschuldung. Eine disziplinierte Haushaltspolitik und die Rückführung der Inflation gehören ebenfalls dazu. Man bedenke, dass neben dem Erdöl lediglich Krebse, Bananen und besonders Schnittblumen international konkurrenzfähig absetzbar sind. Wen wundert es, dass der bestehende Landmangel für die Kleinbauern zur unkontrollierten und zerstörerischen Besiedlung des Regenwaldes führt.

Wesentlich mehr Optimismus verbreitet Mexiko, das nach den Indianerunruhen in Chiapas und der Peso-Krise in der NAFTA schon schräg angesehen wurde. Durch rasant steigende Exporte in die USA verbessert sich Mexikos Handelsbilanz und es erweist sich, daß Mexikos Produzenten die Vorteile von NAFTA nutzen. Negativ zu vermerken bleibt auch die erheblich gestiegene Arbeitslosigkeit und dann nicht zuletzt eine erhöhte Inflation. Verkrustete politische Strukturen einer seit siebzig Jahren allein regierenden PRI warten darauf, aufgebrochen zu werden. Aufbrechen und reformieren müssen selbstverständlich auch die Strukturen in Kuba, wo erste Hoffnung auf Veränderung auftaucht, nicht nur weil Castro sich international in Zivilkleidung zeigte. Es sind die freien Bauernmärkte, die im ganzen Land entstanden, die den Optimismus verursachen. Die Bevölkerung sieht wieder ein Angebot an Lebensmitteln.

In prekärer Situation befand sich Nicaragua. In einem offenen Brief appellierte der Botschafter Nicaraguas Ende März 1995 an die Bundesregierung, das Land in den Bemühungen zu unterstützen, seine Auslandsverschuldung zu reduzieren. Es sind teilweise Schulden aus Somozas Zeiten und von der DDR ererbte Verbindlichkeiten. Bei einer Arbeitslosenquote von ca. 80 Prozent und niedrigem Einkommen der übrigen Bevölkerung sind die 785 Millionen Dollar allein an das Bonner Finanzministerium nicht rückzahlbar. Hier galt es durch kreatives Schuldenmanagement den Menschen Hoffnung zu machen.

Auch in Peru hat 1995 die Wiederwahl des Alberto Fujimori (Cambio 90), der intensiv Wirtschaftsreformen angeregt und Durchsetzungsfähigkeit bewiesen, die sowohl zur zeitweiligen Auflösung des Parlamentes als auch zum militärischen Konflikt mit Ecuador führte, Hoffnungen geweckt. Geschickt war dann zweifellos die Beendigung des Konfliktes vor der Wahl, was ihm die Sympathie der Bevölkerung eintrug. Für das gute Verhältnis zum Nachbarn Ecuador, der in der Vergangenheit fast fünfzig Prozent seines Territoriums an Nachbar Peru verlor, wäre eine Berücksichtigung dessen Interesses an einem sicheren Zugang zum Amazonas äußerst wichtig. Innenpolitisch erweist sich die Guerillabekämpfung dank einer neuen Kronzeugenregelung als erfolgreich, allerdings mit dem Nachteil, dass viele Unschuldige bestraft werden.

Brasiliens Wahlen endeten nach den Stichwahlen vom 15. November 1994 mit dem Sieg von Fernando Henrique Cardoso. Der in Brasilien sehr populäre dreiundsechzigjährige Soziologe stützte sich in den beiden Kammern des Nationalkongresses auf ein Bündnis dreier Parteien, den Sozialdemokraten (PSDB), den Liberalen (PFL) und der Arbeiterpartei (PTB). Da er aber in diesen Kammern nicht die Mehrheit hatte, war er für die Durchsetzung seines Reformprogrammes auf Unterstützung angewiesen, die er auch erhielt. Als Präsident allerdings setzte er sich mit der Mehrheit von 54,28 Prozent vor seinem Kontrahenten Lula klar durch, der lediglich 27.04 Prozent erhielt. Hinter seinem Erfolg stand der "Plano Real" ein Stabilisierungsprogramm, welches er Ende 1993 als Finanzminister ausarbeiten ließ. Seine Währungsreform führte die Inflation auf bis 1,5 Prozent zurück. Motto des neuen, gewählten Präsidenten ist: "Brasilien ist kein unterentwickeltes sondern ein ungerechtes Land". So will er die großen sozialen Unterschiede in Brasilien verringern. Er setzt dabei auf Stabilitätspolitik, Abbau der Indexierung von Löhnen und Gehältern, Einführung von Tarifverträgen, eine Steuerreform, Umgestaltung in der Sozialversicherung, auch einen sozialen Investitionsfonds, die Reduzierung von Ministerien, kompetente Fachleute auf Ministerposten, Außenpolitik als Chefsache sowie eventuell die Wiederwahlmöglichkeit des Präsidenten. Sicherlich soll ebenfalls die Privatisierung weitergeführt und die Wirtschaft weiter geöffnet werden. Günstige, stabile politische Verhältnisse verursachten ein Anwachsen der Auslandsinvestitionen und eine Zunahme des Wirtschaftswachstums.

Wie wichtig diese Entwicklung für Brasilien ist, zeigt eine problematische Kriminalisierung der Favelas, der Elendsviertel in den meisten großen Städten. Hier haben sich sogenannte Parallelstrukturen etabliert, mit eigener Verwaltung, eigener Gesetzgebung und eigener Rechtsprechung, unabhängig von staatlichen Institutionen. Die dreisten Drogenhändler geben sogar Pressekonferenzen und die Mafia blüht. Auch eine eigene Subkultur hat sich gebildet und wird von Banden in großem Stil praktiziert. Die Funkeiro-Banden behaupten zwar, dass sie keine Kriminellen seien, stellen aber durchaus eine Rebellion der heutigen Jugend gegen alle Erwachsenen dar, und sie stellen gesellschaftlichen Konsens auch gewaltsam in Frage. Hier wird das Fehlen einer breiten Bildung und geordneter sozialer Strukturen offenbar. Es fehlen noch viele Grundvoraussetzungen für eine geordnete Entwicklung der brasilianischen Demokratie. Mit den angekündigten Reformen wird aber der Weg in die richtige Richtung beschritten.

Der Gigant auf der Südhalbkugel bewegt sich noch, bevor es zu spät ist. In einer Zeit, wo die USA eine Freihandelszone für den ganzen Doppelkontinent (FTAA) planen, zeigt Brasilien im MERCOSUR, dass der Süden auch etwas vorzuweisen hat. Selbstverständlich ist Europa ebenfalls mit vielen bilateralen und multilateralen Verträgen eingebunden, wenn eine europäisch-atlantische Freihandelszone von zusätzlichem Nutzen wäre.

Europäische und insbesondere deutsche Interessen an der Erhaltung von Frieden und Freiheit als Grundlage für solide Handelsbeziehungen bestehen auch weiterhin. Voraussetzungen für Investitionen sind jedoch stabile politische Verhältnisse. Diese herzustellen verlangt oftmals tiefgreifende Reformen, denen sich immer mehr lateinamerikanische Länder unterziehen.

Deutsche
Auslandsvertretungen

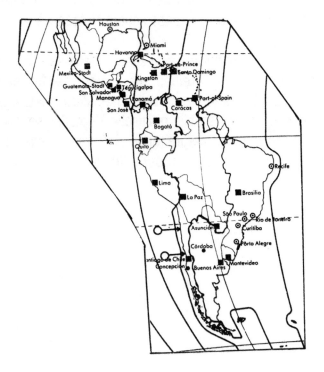

Südamerikanische Wege zur Demokratie

Deutsche Urlauber ermordet, deutscher Agent in Haft, deutsche Botschaftsangehörige als Geisel der Guerilla. So turbulent läßt sich das Jahr 1997 in der südlichen Hemisphäre Amerikas an, insbesondere in den Ländern Kolumbien und Peru. Den Vogel aber schießt eindeutig Ecuador ab, wo der als geistig gestört geltende, jedoch legal an die Macht gekommene Präsident Abdala Bucaram nach vorgeworfenen Unregelmäßigkeiten in der Staatskasse durch das Parlament vorzeitig abgesetzt wird.[1]

Sollte sowohl denen durch die Entwicklungen Recht gegeben werden, die angesichts der zunehmend öfter entdeckten Massengräber aus vergangenen Zeiten einer demokratischen Entwicklung langfristig mißtrauten oder nur wenig Chancen einräumten?

Manche Dinge klären sich leicht auf. So setzen sich die reiselustigen Deutschen mit zunehmendem Ferntourismus unnötigen Risiken aus, die sie daheim in Deutschland nicht eingehen würden (aktuelle Warnungen des Auswärtigen Amtes im Internet: http:\\www.auswaertiges-amt.government.de.) - Schlagzeilenträchtig erweisen sich Deutsche "Geheimagenten", während deutsche Botschaftsangehörige im fernen Peru den Geiselnehmern ahnungslos in die Falle gehen. Man muß die Guerilla in Kolumbien und auch in Peru ernst nehmen. Das wurde ein weiteres Mal bewiesen. Die Tatsache, dass deutsche Geiseln vorzeitig freikamen, ist positiv zu bewerten.

Was aber ereignete sich da in Ecuador, wo ein rechtmäßig gewählter Staatspräsident, von Volkes Stimme ins Amt gehoben, vom Parlament abgesetzt wird. Man erinnert sich unwillkürlich an Parallelfälle, wo in Deutschland Bundespräsident Heinrich Lübkes Amtsperiode unter Druck, aber freiwillig beendet wurde und Bundeskanzler Ludwig Erhard vorzeitig abgelöst wurde. Keiner der beiden war allerdings direkt vom Volk gewählt worden. Der Bundespräsident wird von der Bundesversammlung gewählt, ein sehr heterogen zusammengesetztes Gremium, während der bedeutend mächtigere Kanzler von seiner Mehrheit im Bundestag in den Sattel gehoben wurde. Die direkte Wahl von Kanzler und

Präsident wurde in Deutschland aus leidvoller Erfahrung der Vergangenheit nicht in der Verfassung vorgesehen. - In Ecuador wurde also ein direkt vom Volk gewählter Präsident vom Parlament abgewählt,was verfassungsrechtlich den Volkswillen total in Frage stellt. Die umgekehrte Situation, die ebenfalls undemokratisch ist, ergab sich vor Jahren in Peru, als der vom Volk gewählte, amtierende Staatspräsident Fujimori 1992 dem Parlament auf Zeit die Macht entzog, um innerer Krisen Herr zu werden. Rückfälle in vergangene undemokratische Zeiten ließen aufhorchen. Da hilft es wenig, wenn dargelegt wurde, dass in Ecuador Präsident Bucaram durch rigorose Sparpolitik fast alle Teile des Volkes vor den Kopf gestoßen hatte. Der nicht unmittelbar durch das Volk gewählte Ludwig Erhard hatte durch seine Maßhalteapelle auch viel an Gunst verloren, so dass Lübke mit dem Satz zitiert wird: "So einen Mann muß man doch loswerden können." Ludwig Erhard, durch das Parlament gewählt, wurde von diesem gestützt. - Bucaram wurde vom Volk gewählt und nicht durch das Parlament. Eine so schwache Stellung des ersten Mannes im Staate, wie die von Erhard widerspricht lateinamerikanischer Denkweise. Der Caudillo mit seinem Charisma und damit die präsidiale Demokratie wird von den Wählern bevorzugt, auch wenn er sich weit von den Vorstellungen des ebenfalls gewählten Parlamentes entfernt, im Unterschied zur parlamentarischen Demokratie.

Die eigentliche Gefahr bei derartig ausgeführten Machtkämpfen, wie sie in Ecuador oder Peru stattfanden, liegt nicht so sehr in den direkten Ergebnissen der Aktionen. Alberto Fujimori in Peru konnte darauf seine Position erheblich stärken; er wurde sogar wiedergewählt. Abdala Bucaram mußte gehen, verschiedenen Nachfolger(in)n Platz machen, wobei der nächste erst im August 1998 für eine Wahlperiode vom Volk gewählt wurde. Immer drohte die Gefahr, dass das neue Demokratieverständnis leidet, wenn durch außer Kraft setzen von Demokratie Demokratie zu erhalten versucht wird, auch wenn es sich um die seltene Form des "parlamentarischen Staatsstreiches" handelte. Zu oft sind Putsche und Umstürze in Zeiten der Diktatur an der Tagesordnung gewesen. -

Hintergrund der Ereignisse war eine ernste Wirtschaftskrise in der Ecuador sich befand. Schuldenmoratorium für Auslandsschulden und isolationistische Vorstellungen standen zur Disposition der neuen Machthaber angesichts zunehmender Verarmung der Bevölkerung. Durch sozialen Kahlschlag hatte Bucaram versucht, Ausgaben zu sparen. Dies wurde auch von der Bevölkerung verübelt. Wie wichtig aber die Erhaltung und Festigung von Demokratie in Lateinamerika zu nehmen ist, zeigen die Blicke in die Massengräber vergangener Zeiten der Diktatur und der gewaltsamen Konflikte sowohl in Ecuador als auch in anderen Ländern Lateinamerikas.

Eisern fest hält der kubanische "maximo lider" Fidel Castro an seinem Weg zum Sozialismus trotz Versorgungskrise und amerikanischem Boykott. Er erweist sich damit als resistent gegenüber vielen demokratischen Veränderungstendenzen der Vergangenheit und bildet ein Unikum im lateinamerikanischen Raum. Die Wirtschaft zwingt ihm aber Zugeständnisse ab, die gravierend sind. Nach Abbruch der sowjetischen Hilfe hatte

Castro eine "Spezialperiode" ausgerufen, die der Wirtschaft wieder auf die Beine helfen sollte und in der Angaben über Wirtschaftsdaten unterblieben. Diese Periode ist nun vorbei, aber die aktuellen Lebensmittelkarten sind von Armut geprägt. Die Welthungerhilfe muß initiativ einspringen, um insbesondere die Versorgung der Kinder mit dem Notwendigsten zu garantieren. Das Landwirtschaftsministerium fördert die Eigenversorgung durch Gärtnereien und kleine private Gärten, so daß zusätzliche marktwirtschaftliche Elemente den Sozialismus konterkarieren. Mit ihnen wächst der Handel und die Eigeninitiative.

Seit Sommer 1995 gibt es wieder die 1989 abgeschaffte Wirtschaftsstatistik in Kuba. Verbunden mit der Umstellung der Wirtschaftlichen Gesamtrechnung von der in den RGW-Staaten üblichen Form hin zum heute üblichen Bruttoinlandsprodukt. Allerhand Umstellungsschwierigkeiten lassen zwar auch heute noch Zweifel offen, aber bestimmte Trends sind erkennbar. So nahm das Bruttoinlandsprodukt zwischen 1989 und 1996 zwar um ein Drittel ab (89:19,6 Mrd.. Pesos; 96: ca. 13,6 Mrd. Pesos). Dies zu konstanten Preisen seit 1981 und einem offiziellen Wechselkurs zum Dollar von eins zu eins. Die erheblichen Einbrüche zu Beginn der neunziger Jahre stabilisieren sich ab 1993 und verdoppelte Erdölprodukte sowie verdoppelte Touristenzahlen stützen eine zwischenzeitliche Stabilisierung. Die Einnahmen aus dem Tourismus zum Beispiel stiegen von 243 Mio. 1990 auf 986 Mio. Pesos 1995, 1.500 Mio. Pesos 1997. Sinkende Importe von Maschinen und Ausrüstung sowie steigende Nahrungs- und Treibstoffeinfuhr lassen Bedenken bezüglich der industriellen Produktion aufkommen. Wenn auch die Auskunftsfreude der kubanischen Nationalbank positiv erscheint, so kann aber nicht übersehen werden, daß Kuba sich mit der Umstellung äußerst schwer getan hat und sich nur langsam konsolidiert. Zu sehr hing das Land am sowjetischen Tropf. Auch der US-amerikanische ökonomisch restriktive Helms/Burton Act macht Fidel Castro das Leben schwer, der durch das Asylangebot an Peruanische Tupac Amaru-Guerillas als Vermittlungsangebot in dem Geiseldrama der japanischen Botschaft international Pluspunkte sammelte.

Ob Castro es dauerhaft schafft, sich Veränderungen in Kuba entgegenzustemmen, ist sehr zu bezweifeln. Auch hier wird wirtschaftliche Veränderung gewiß politische Konsequenzen nach sich ziehen.

Neue Wahlen, neue Herrscher, neue Probleme?
- Lateinamerika im Wahlkampf

Wahlen sind in Lateinamerika angesichts seiner jungen demokratischen Verhältnisse oft Nagelproben gewesen. Dabei waren einige Entwicklungen insbesondere in Brasilien, wo der Wahlsieger im Oktober 1998 Enrico Cardoso geheißen hat und in Argentinien, wo Präsident Menem eine erneute Wiederwahl durch Verfassungsänderung möglich machen wollte, wenig erfreulich. Land-konflikte stören den sozialen Frieden im aufstrebenden Brasilien. Der sozialdemokratische Minister Raul Jungmann versuchte sogar schon mit Hilfe eines runden Tisches die verfahrene Lage zu entschärfen, in die er durch die "Landlosenbewegung" (MST) geraten ist. Bewaffnete Pistoleros schützen die Farmen von Grundbesitzern gegen ein Heer von armen landlosen Siedlungswilligen, die sich obendrein noch von der Staatsgewalt verfolgt wähnen. Übergriffe der Polizei wurden lange Zeit nicht geahndet und der Rechtsprechung wird Klassenjustiz vorgeworfen. Der Versuch die Regierung Cardoso im Wahljahr zu Konzessionen zu zwingen erschien verlockend. Dabei hatte Cardoso bereits mehr getan als seine Vorgänger und treibt eine Landreform voran. Selbst in Argentinien, wo 1999 ein neuer Staatspräsident gewählt wurde, herrschte Pessimismus. Einer geringen Staatsverschuldung und niedrigen Inflationsrate standen vierzehn Prozent Arbeitslose gegenüber. Mißstände in Argentiniens Schulwesen und ein verheerendes Hochwasser (60 000 Evakuierte) verursachten erhöhte Kosten in einem Land mit wenig ausgebautem Sozialwesen.

So sind es häufig Naturkatastrophen, die zusätzliches Elend verursachen und Haushaltspläne belasten, wie beispielsweise im Mai 1998 in Bolivien, wo ein Erdbeben der Stärke 6,8 Hunderte von Toten und Verletzten sowie verheerende Zerstörungen verursachte. Oft sind es aber auch politische Probleme, die Ärger verursachen. So hat der argentinische Präsident Menem zwar seinen Versuch aufgegeben, mit Hilfe der Verfassungsänderung 1999 eine dritte Legislaturperiode zu amtieren, was vielfach positiv kommentiert wurde. Andere Regierungschefs nutzten aber dieses Mittel der Verfassungsänderung zugunsten des Amtsinhabers. Beispielsweise wollte der Panamaische Präsident Ernesto Perez Balladares, obwohl die Verfassung eine Wiederwahl ausschließt, im Mai 1999 erneut antreten mit dem alten Argument, dass fünf Jahre für wirtschaftliche Reformen zu kurz seien. Balladares wollte bei der Übernahme des Panamakanals von den USA die Fäden in der Hand behalten. Diese im Jahr 2000 aktuelle Situation gab dem kleinen Land besondere Bedeutung angesichts der handels- und strategischen Relevanz des Nadelörs an der schmalsten Stelle der Mittelamerikanischen Landbrücke. Privatinvestoren sollen Land und Bauten der dann bereits abgezogenen Nordamerikaner in Zukunft nutzen und Arbeitsplätze schaffen. Ein wahrhaft gewaltiges Konversionsprojekt für ein so kleines Land. Zahlreiche kreative Projekte sind bereits angelaufen., besonders Hotels, Tourismuseinrichtungen, ein Containerhafen, eine moderne Bahnstrecke und vieles mehr ist im Bau oder projektiert. Dies allein kann jedoch die Mißachtung seiner jungen Demokratie keinesfalls rechtfertigen. Das benachbarte Guatemala hat jene kritische Situation schon dadurch vermieden, dass sein Verfassungsartikel 281 bestimmte Artikel von jeder Reform ausnimmt. So ist damit auch die Änderung des Verbots der Wiederwahl von dem jeweils amtierenden Präsidenten ausgeschlossen. Problematisch war die Situation auch in Paraguay, wo die herrschende Colorado-Partei schon seit einem halben Jahrhundert den Ton angibt. Hier siegte 1998 bei den Präsidentschaftswahlen Raul Cubas Grau gegen seinen in derselben Partei beheimateten Vorgänger Wasmosy, der den mit Grau befreundeten General Oviedo hatte inhaftieren lassen. Mit dem Machtwechsel gab es darüber hinaus auch interne Auseinandersetzungen um den Einfluß auf Schmuggel- und Staatsbetriebe. Ebenfalls am Rande der Legalität, nämlich mit der Unterstützung der Drogenmafia hatte der Kolumbianer Samper sein Präsidentenamt erreicht und mußte es am 7. August 1998 just an den übergeben, der ihm diese Verstrickung nachgewiesen hatte. Andres Pastrana hatte die Wahlen mit vier Prozent Vorsprung vor Horacio Serpa überlegen gewonnen. Nun obliegt es der konservativ-liberalen Regierung Frieden mit den Guerillaheeren der ELN und FARC zu schließen, die beide Gesprächen aufgeschlossen gegenüberstehen.

Wie man verfassungsmäßig auferlegte Schranken akzeptiert und dennoch seine Erfahrungen in der Spitzenposition des Staates wiedereinbringen kann, will Jean-Bertrand Aristide, früherer Präsident Haitis demonstrieren, indem er im Jahr 2000 wieder kandidiert. Wird der populäre Aristide, der Haiti die Demokratie zurückgab gewählt, wäre das völlig legal.

Ein Kabinettstück erster Ordnung gelang in Chile dem Ex-Oberbefehlshaber General Pinochet. Der Tyrann, der siebzehn Jahre lang Alleinherrscher war, genoß seine Position als Ehrensenator, Senator auf Lebenszeit im Oberhaus. Diesen

Sessel hatte er sich bereits 1980 in der Verfassung reserviert. Alle Argumente Oppositioneller, er sei zum Zeitpunkt der Verabschiedung der Verfassung nicht Präsident sondern Diktator gewesen, blieben wirkungslos.

Es sind die schlechten Beispiele und Vorbilder, die immer wieder den Eindruck erwecken, es habe sich nichts geändert und es wird sich auch nichts ändern. Dies ist um so mehr schade, als die Anstrengungen der verschiedenen Regierungen beträchtlich sind, auf dem bereits eingeschlagenen Weg der Demokratisierung fortzufahren und Zeichen zu setzen, wie das noch im Februar 98 in Costa Rica vorbildlich gelang. Dort hat Miguel Angel Rodriguez von den Christdemokraten den liberalen Regierungschef Jose Maria Figueres als Staatspräsident abgelöst.

Anders sieht es bei der Aufarbeitung der Vergangenheit aus, die in vielen Ländern nur langsam vorangeht und auch Racheakte beinhalten kann, wie wohl im April 1998 die tragische Ermordung von Weihbischof Juan Gerardi in Guatemala, der eine Studie über 150.000 Bürgerkriegsopfer in Guatemala erstellte.

Sah es zunächst danach aus, dass der Süden, insbesondere Brasilien sich gegen handelspolitische Vereinnahmung durch die NAFTA zur Wehr setzte, so machte der Kongreß in den USA deutlich, dass auch er nicht an eiligen Zusammenschlüssen interessiert ist. Wenn der Gipfel von Santiago nun aber das Ziel einer Freihandelszone der Amerikas bekräftigt und die Jahreszahl 2005 ins Spiel kommt, erscheint dies als halbherzig. Ohnehin profiliert sich Brasilien in einer Zeit der rasanten Veränderungen als ruhender Pol. Das Land ist viel zu sehr mit sich selbst und eigenen Problemen beschäftigt, um sich noch allzusehr nach außen zu orientieren.

Kubas Fidel Castro-Ruz saß nicht mit am Tisch der vierunddreißig Staatschefs auf dem zweiten Gipfeltreffen der amerikanischen Staaten, das im April 1998 in Santiago de Chile stattfand und dies obwohl er mit der Einladung des Papstes im Januar 1998 ein besonderes Zeichen gesetzt zu haben glaubte. Ein zwielichtiges allerdings. Kaum die Hälfte des Volkes ist kirchlich getauft und Geisterkulte gehören ebenso zum Repertoire wie purer Atheismus. Obwohl sich der Papst gegen die US-Embargopolitik aussprach, ergibt sich so ein weiterer Anhaltspunkt dafür, daß zumindest im Hinblick auf Kuba alles beim alten bleibt.

Miteinander sprechen ist angesichts der zahlreichen Probleme in der Regel äußerst wichtig. Manche der angesprochenen Vorkommnisse sind Folgen unzureichender Erfahrungen mit demokratischen Spielregeln, die noch nicht genügend gefestigt sind. Außergewöhnliche Vorkommnisse erfordern auch einmal erhebliche Zivilcourage, wie sie Andres Pastrana zeigte. Er wurde durch sein Amt belohnt. Gelegentlich wird auch einmal die Bevölkerung aktiv: Gegen den Versuch Alberto Fujimoris sich für die dritte Amtszeit Sympathie zu erwerben, wehrte sich die peruanische Bevölkerung mit massiven Demonstrationen, wobei die Menschen am 1. Oktober 1998 den Regierungspalast stürmten und ihre Meinung deutlich kundtaten.

III. Wirtschaft und globale Herausforderung

MERCOSUR-Partner der Zukunft?

Einer Kette von mißglückten Initiativen setzten die vier La-Plata-Länder Argentinien, Brasilien, Paraguay und Uruguay mit dem im März 1991 unterzeichneten Vertrag von Asuncion ein Ende und eröffneten den Mercosur-Prozeß, an dessen Ende die neue Freihandelsgemeinschaft stehen soll. Die erste wesentliche Zielvorgabe wurde bereits mit dem 31.12.1994 erreicht: die weitgehende Abschaffung der Handelshemmnisse zwischen Brasilien und Argentinien.[2]

Dabei taten sich die Länder des La-Plata-Beckens traditionell schwer in ihren politischen Beziehungen zueinander. Konflikte wie der Chaco-Krieg oder die vergeblich eingeforderte Solidarität im Falkland-Malwinen-Konflikt sind Zeugnis derartiger Probleme. Dennoch hat man sich zu einigen Vorhaben durchgerungen, wie z.B. Atomwaffenfreie Zone oder Kooperationsabkommen (1986) wie die Integrationsakte von Buenos Aires oder dem Abkommen zur Verbreitung der nationalen Kulturen (1988) zwischen Brasilien und Argentinien. Der MERCOSUR bildet eine Konkretisierung erfolgreicher Ansätze in bis dahin nicht gekanntem Ausmaß. Die nicht zuletzt aus politischen (wahltaktischen) Gründen forcierte Gangart hat ihren Ursprung im Abkommen von Las Lenas vom Juni 1992 und etabliert die Zollunion ohne vorherige Einrichtung eines gemeinsamen Außenzolls. Freihandelszone und Zollunion verschmelzen in gewagtem Tempo. Für die brasilianischen Präsidentschaftswahlen kam die Aktion zu spät. Auch wurde der brasilianische Präsident Itamar Franco im Oktober 1994 bereits durch Cardoso abgelöst. In Argentinien jedoch wurden die 1995 stattfindenden Präsidentschaftswahlen durchaus sehr positiv beeinflußt.

Besonderheiten, die diesen grundlegenden Vertrag auszeichnen, sind zum einen der progressive, lineare Zollabbau für alle in den Vertragsländern hergestellten Güter und die vollständige Abschaffung aller Handelshemmnisse bis zum 31.12.94 für Argentinien und Brasilien. Eine vertraglich eingeräumte Schonfrist bis zum 31.12.1995 bestand für die Juniorpartner im Quartett, Uruguay und Paraguay. Freihandelszone und Zollunion sind dabei erste Stufen, denen die Vollendung eines gemeinsamen

Marktes folgen soll, wo Güter, Kapital, Arbeit und Wissen frei austauschbar sind.

Zum anderen streben die Mitgliedstaaten, denen sich später auch Bolivien und Chile zugesellen sollten, auch eine eigens dafür geschaffene juristische Ordnung an, wie aus dem Vertrag von Asuncion folgt. Erstrebt wird eine Angleichung der nationalen Gesetzgebung und die Harmonisierung der makroökonomischen und sektoralen Politiken (Steuer-, Währung-, Landwirtschaft etc.). Auch intendiert ist die Schaffung einer institutionellen Struktur einschließlich eines Entscheidungssystems.

Für die Übergangszeit bis zum 31.12.1994, auf die der Vertrag von Asuncion befristet ist, galt eine institutionelle Struktur, die nicht über das hinausgeht, was bereits im Integrationsabkommen zwischen Brasilien und Argentinien festgelegt war. In diesem Zeitraum hatte selbst die Entscheidung des Mercosur-Rates (oberstes Organ) nicht unbedingt verbindliche Wirkung.

Die Zukunft wird zeigen, wie weit die Integration vollendet wird. An Hindernissen mangelt es jedenfalls nicht. Argentinien hat seine Währung aus Stabilitätsgründen an den Dollar gekoppelt, während in den anderen Staaten nach wie vor erhebliche Schwankungen an der Tagesordnung sind. Brasilien verfügt über eine recht komplexe Industrie, deren Empfindlichkeit Außenzölle schützten, während der "Schmuggelstaat" Paraguay in dieser Beziehung noch die wenigsten Vorbehalte hat. Hier geht es lediglich um das leistungsfähige Wasserkraftwerk. In Uruguay, schon traditionell mit niedrigem Außenzoll versehen, bestehen die geringsten Hemmnisse. Dennoch überwiegen die positiven Aspekte. Brasilien gewinnt durch den Zusammenschluß an Potential durch die besonders in Argentinien vorhandene zahlungskräftige soziale Mittelschicht. Qualitativ hochwertige Lebensmittel ergänzen das Angebot auf dem brasilianischen Markt. Die argentinischen Gasvorkommen passen insbesondere gut ins brasilianische Rohstoffkonzept. Wenn auch Paraguay und Uruguay mehr als Trittbrettfahrer angesehen werden, ist auch ihr Beitritt von Vorteil. Die Entwicklung Uruguays ist ohnehin hochgradig abhängig von der konjunkturellen Lage in Argentinien. Uruguay und Paraguay wickeln jetzt schon fast die Hälfte ihres Handels mit den MERCOSUR Staaten ab, ohne den Schmuggel in Paraguay zu betrachten. Paraguay erhielt zusätzlich die Chance, aus der seit Alfred Strössner bis 1989 bestehenden Isolation auszubrechen und Akzeptanz zu erlangen. Auch Uruguay will seine Stellung als stabile Demokratie, welche seit der Einführung der Diktatur zwischen 1973 und 1984 verloren war, wiedergewinnen und dann zur "Schweiz Lateinamerikas" werden. So wurde bereits der Vertrag von Asuncion in Uruguay nahezu einstimmig angenommen. Der uruguayische Präsident Alberto Lacalle sieht aber auch die Konsequenzen für sein kleines Land: "... wir alle werden mehr leisten müssen. Unsere Erfolgsaussichten werden steigen..." (Busqueda, v. 7.3.1991). Interessanterweise finden sich besonders im linken Spektrum Gegner des Marktes, von dem die Perpetuierung imperialer Strukturen befürchtet wird: z.B. Tupamaros, Partido por la Victoria del pueblo, 26 de Marzo.

Alle Beteiligten sind sich zuletzt darüber im klaren, dass es um mehr geht, als um regionale Integration. Der Weltmarkt verlangt die fortschreitende Integration auch im Zusammenhang mit einer Regelung der "Schuldenkrise". Des weiteren leben Staaten Lateinamerikas in der Gefahr, wirtschaftlich an den Rand gedrängt zu werden. Nicht zuletzt sind auch innenpolitische Gründe relevant, wenn es um Stabilisierung erreichter Positionen und den Ausbau der Demokratie geht.

Wie in Nordamerika, wo die nordamerikanische Freihandelszone NAFTA mit dem Problem der illegalen mexikanischen Wanderarbeiter und Einwanderer belastet ist, krankt auch der MERCOSUR an einem Sumpf, den es auszutrocknen gilt. In Uruguay und Paraguay bestehen grenznahe, illegale Exportzonen, die den Nachbarn mit Produkten aus Drittländern zu überschwemmen trachten. Hier werden Maßnahmen als erstes ansetzen müssen um mehr Einheit zu stiften. Während frühere Bestrebungen (im Rahmen der ALALC oder ALADI) immer nur begrenzte Waren und Handelsgüter umfaßten, ist durch den MERCOSUR die gesamte Gesellschaft und das gesamte Territorium der Mitgliedsländer betroffen. Der MERCOSUR (Mercado Commun do Sul) ist ein Markt mit immerhin zweihundert Millionen Verbraucher in einer Region, die mit Bodenschätzen reich gesegnet, auch von seestrategischer Relevanz ist. Die Briten explorieren in Zusammenarbeit mit Argentinien die Erdölvorkommen um die Falkland-Malwinen und sitzen zugleich als europäische Wächter mit am Kap Horn. Außerdem ist Lateinamerika mit 435 Milliarden Dollar schon 1992 die höchstverschuldete Region der Welt (vor Asien mit 419

Milliarden Dollar). 1997 sind es bereits über 600 Mrd. Dollar. Stabile Verhältnisse in dieser Region sind daher auch aus wirtschaftspolitischen Gründen für alle nur von Vorteil.

MERCOSUR
Gemeinsamer Markt Südamerikas

Brasilien

Bevölkerung:	159 Mio
Pro-Kopf-Wirtschaftsleistung:	5 630 $
Wachstum ø 1990-1995:	2,7 %

Paraguay

Bevölkerung:	4,8 Mio
Pro-Kopf-Wirtschaftsleistung:	3 540 $
Wachstum ø 1990-1995:	3,1 %

Uruguay

Bevölkerung:	3,2 Mio
Pro-Kopf-Wirtschaftsleistung:	6 850 $
Wachstum ø 1990-1995:	3,2 %

Argentinien

Bevölkerung:	34 Mio
Pro-Kopf-Wirtschaftsleistung:	8 920 $
Wachstum ø 1990-1995:	5,2 %

Die Europäische Union
- ein Vorbild für den mittelamerikanischen Markt?

Bei der Eröffnung der Konferenz von Außenministern der Europäischen Union (EU) und der Länder des mittelamerikanischen Marktes (MCCA) am 21. März 1996 in Florenz wird deutlich, dass diese nach Zeiten schwerer Bürgerkriege Hoffnung schöpfend, Wege zu mehr Integration suchen. Deutliches militärisches Zeichen ist ein

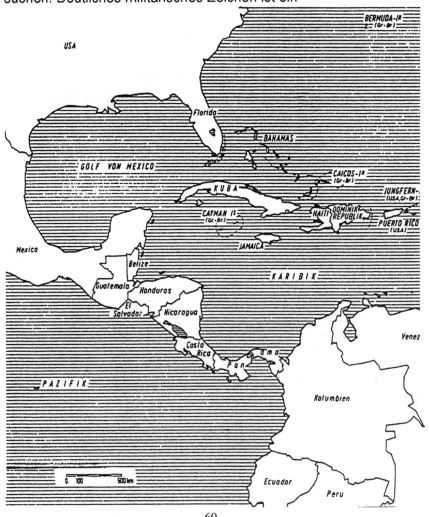

Waffenstillstand zwischen der Guerilla (URNG) und der Armee vom März 1996 in Guatemala.[3] Während der Andenpakt bereits nach Vorbild der EG ein gemeinsames Parlament anstrebt, sind diese Bemühungen auch bemerkenswert. Die EG als ein erfolgreiches Vorbild könnte insbesondere auf wirtschaftlicher Ebene Pate stehen. Diese Auffassung vertraten die Teilnehmer Mittelamerikas: Costa Rica, Nicaragua, Guatemala, El Salvador, Honduras und Panama.[4]

Die UN-Wirtschaftskommission CEPAL wirkte unter ihrem Präsidenten Prebisch bereits 1948 für die Bildung des gemeinsamen mittelamerikanischen Marktes. Ausgehend von der Notwendigkeit der Industrialisierung sah man bereits die Märkte der einzelnen Staaten als zu eng an. Die Politik des engen Marktes entstammt der spanischen Kolonialzeit, um den Handel mit dem Mutterland zu intensivieren und war auch von den USA bis Mitte des Jahrhunderts betrieben worden.

Die Gesamteinwohnerzahl der fünf Staaten, Guatemala, Honduras, El Salvador, Nicaragua und Costa Rica betrug 1950 kaum mehr als 8,5 Millionen Einwohner. Bei der vierten Hauptversammlung der CEPAL 1951 in Mexiko faßte man dann den Beschluß eine wirtschaftliche Integration herbeizuführen. Ein Komitee zu dessen Durchführung wurde bereits 1952 gegründet. Guatemala war ein wichtiger Initiator dieser Entwicklung und als sie zu versanden drohte, schloß es mit Costa Rica 1955 und Honduras 1956 bilaterale Verträge ab. Wegen seines Vorsprungs an Industrialisierung war das Interesse am Freihandel besonders groß.

Der gemeinsame Markt sollte stufenweise eingeführt werden. Die Zollunion binnen zehn Jahre und die industrielle Integration ohne konkrete Fixierung. Die USA betrachtete diese Bemühungen mit Skepsis. Erst als Kubas Revolution eine labile Situation heraufbeschwor, dachte man an eine wirtschaftliche Stärkung der Region gegen die kommunistische Versuchung. Die Wirtschaftsberater der Vereinigten Staaten wirkten mit beim Wirtschaftsassoziierungsvertrag zwischen Guatemala, Honduras und El Salvador. Die These lautete: Sofortiger Freihandel für alle Erzeugnisse in dieser Region. Sogar ein regionales Büro (ROCAP) wurde 1962 gegründet und schon 1963 unterstreicht Präsident Kennedy das Interesse der USA an der Integration durch sein Treffen mit den Staatspräsidenten der fünf mittelamerikanischen Staaten und Panamas in San Jose. Bereits 1960 waren durch den Tratado General Nicaragua und Costa Rica an den Dreibund angeschlossen worden.

Bis 1970 entwickelte sich die Bevölkerungszahl auf über fünfzehn Millionen und das Handelsvolumen in der Region verdoppelte sich im Vergleich zu 1960. Hinzuweisen bleibt allerdings auf den niedrigen Urbanisierungsgrad. Etwa ein Drittel der jeweiligen Bevölkerung zählte 1975 zur Stadtbevölkerung. Dies hat sich bis in die neunziger Jahre geändert, wobei der Anteil der städtischen Bevölkerung zum Teil auf weit über fünfzig Prozent geklettert ist.

Bereits in den siebziger Jahren zeichnete sich schon ab, was bis heute ein Hemmschuh im gemeinsamen Handel geblieben ist: Die Bemühungen um industrielle Zusammenarbeit und Öffnung der Märkte für derartige Produkte machten zwar Fortschritte.

Demgegenüber gab es kaum Bewegungen im Bereich der Landwirtschaft. Landwirtschaftsprodukte machen aber den Löwenanteil der Exporte in der Region aus. Hier könnten gemeinsame Strategien auch für ein geschlossenes Auftreten gegenüber den Importeuren sorgen. Strukturreformen in der Landwirtschaft könnten zu einer starken Diversifizierung der Agrarproduktion und zu mehr Handel zwischen den Ländern führen. Zentrale Organisation wie etwa in der EG kann dabei zwar erwogen werden, hat aber den Nachteil einer bürokratischen Aufblähung, wenn sie nicht mit einer echten Machtverletzung verbunden ist. Kaum empfehlen wollte man einen Subventionsdschungel, wie er in der EG der Fall ist. Der krasse Unterschied zwischen arm und reich läßt sich damit nicht korrigieren und die international konkurrenzfähigen Betriebe würden geschädigt.

Investitionen aus dem Ausland waren eine erstrebenswerte Lösung, die wegen der Nachwehen aus vergangener Zeit noch unzureichend sind. Dabei macht z.B. das guatemaltekische Handelsrecht traditionell keine Unterschiede zwischen nationalen und fremden Unternehmen.

Immerhin verfügen die Staaten des MCCA Mitte der neunziger Jahre über eine Bevölkerung von etwa dreißig Millionen Einwohnern. Dennoch sind die Eigenheiten der verschiedenen Staaten zum Teil sehr markant. Guatemala mit seinem Anteil von über sechzig Prozent indianischer Bevölkerung zeichnet sich ethnisch besonders ab. Hier war in den letzten Jahren auch der bedeutendste Unruheherd anzutreffen und das Militär hatte wiederholt in entlegenen Dörfern nach dem Prinzip der "verbrannten Erde" gehandelt. Der Staat Guatemala verfügt als bevölkerungsstärktes Land auch über die stärkste Armee. Viele Hoffnungen knüpfen sich jedoch an den am 31.3.1995 mit der Guerilla unterzeichneten Vertrag über die Rechte der Ureinwohner, der Guatemala zur Verfassungsänderung in fünf Punkten verpflichtete. -

Demgegenüber zeichnete sich Costa Rica sozusagen als Gegenpol durch absolute Friedfertigkeit aus, was ihm zusammen mit einer gewissen Prosperität auch den Beinamen "die Schweiz Zentralamerikas" eingetragen hat. Nicaragua und El Salvador, die Unruheherde des kalten Krieges und zugleich besondere Hoffnungsträger auf eine Besserung der Verhältnisse durch Intensivierung des gemeinsamen Marktes, tauchen kaum noch in den negativen Schlagzeilen der internationalen Presse auf. Alle einigt und da ist Honduras inbegriffen, welches von den US-Amerikanern Ende des kalten Krieges zum Abwehrbollwerk ausgebaut worden war, daß der wirtschaftliche Anschluß in der Region Zentralamerika nicht verpaßt werden darf. Mexiko fährt im Verbund mit den USA und Kanada und im Süden formiert sich der Andenpakt. Wenn man berücksichtigt, daß zum Beispiel Guatemala 1994 noch fast vierzig Prozent seiner Exporte mit den Gütern Kaffee, Zucker und Bananen bestritt, so ist das kaum weniger als 1970, als Kaffee und Bananen einundvierzig Prozent ausmachten, der Anteil der Baumwolle den Gesamtexportanteil der Landwirtschaft aber auf fünfzig Prozent erhöhte. Auch bei den anderen Teilnehmern des MCCA ist der Exportanteil der Landwirtschaft derartig hoch, dass sich ein Vergleich mit den

Verhältnissen in der EG kaum durchführen läßt. So betrug der Anteil der Landwirtschaft in Honduras 1970 fast sechzig Prozent, ebenso von El Salvador und Costa Rica. Lediglich Nicaragua lag bei achtunddreißig Prozent. Heute liegt der Prozentsatz bei den angesprochenen Ländern zwischen etwa dreißig Prozent und mehr. Hier sieht man durchaus Ansätze zum Export von verarbeiteten Produkten. Auf diesem Gebiet kann eine verstärkte Integration nützlich sein. Sie ist auch im Hinblick auf zunehmende Globalisierung der Märkte von Vorteil und soll zu mehr Wohlstand führen.

Wie anders könnte diese Region sonst Kuba als Vorbild dienen, was einst Intention Präsident Kennedys gewesen war. Aus Feinden von gestern Freunde von morgen zu machen kann einzig das Ziel politischer Bemühungen sein.

Deutschland wird und das wissen die lateinamerikanischen Länder, als Tor zu Europa fungieren.

Mittel- und Südamerika

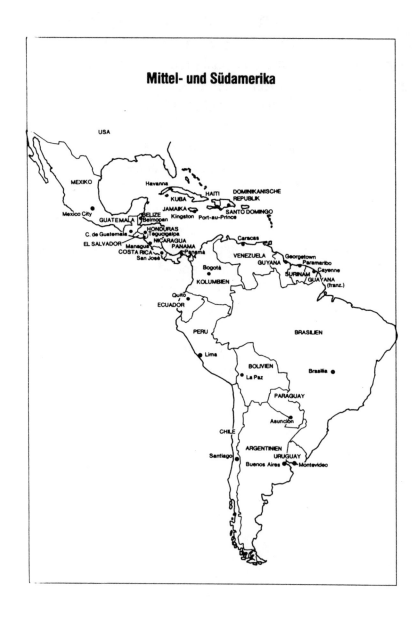

Der Andenpakt-Zusammenschluß der Armen?

Auf seiner Plenarsitzung vom 22. September 1995 hat sich der Deutsche Bundestag einhellig für eine engere politische, wirtschaftliche und kulturelle Zusammenarbeit mit Lateinamerika ausgesprochen. Wenn daher Anfang Oktober 1995 der kolumbianische Staatspräsident Ernesto Samper Pizano auf Einladung von Bundeskanzler Helmut Kohl in Bonn auf Staatsbesuch weilte, so galt er auch als Vertreter eines regionalen wirtschaftlichen Zusammenschlusses, der den Namen "Andenpakt" trägt.

Im Rahmen der amerikanischen Wirtschaftspakte von denen meist NAFTA und MERCOSUR Erwähnung finden, ist der "Andenpakt" der drittgrößte Pakt. Fast einhundertmillionen Verbraucher scharen sich in den fünf andinen Ländern Bolivien, Ecuador, Kolumbien, Peru und Venezuela. Die 1969 erfolgte Gründung war eine Antwort auf den fehlgeschlagenen, 1960 unternommenen frühen Versuch, eine lateinamerikanische Freihandelszone ins Leben zu rufen, die den größten Teil des Halbkontinentes umfassen sollte. Scheiterungsgrund waren die unterschiedlichen, Im Jahr 1966 erhobenen Forderungen Chiles, Argentiniens und Brasiliens. Bis 1976 war Chile dann mit von der Partie im Andenpakt, während Venezuela das jüngste, 1973 beigetretene Mitglied ist.

Aufmerksamkeit erregte der Andenpakt nicht nur, wenn der Tchibo-Kaffeexperte die braunen kolumbianischen Bohnen teste oder wenn das Medellin-Kartell durch Bombenanschläge (meist in Bogota) seine blutige Spur zog. Jüngst war es der Krieg zwischen den Ländern Peru und Ecuador, der um einige rohstoffhaltige Quadratkilometer Boden geführt wurde. Ausnahmsweise standen sich nicht Guerilla und

Staatsmacht gegenüber, wie so häufig in der Vergangenheit Südamerikas, sondern zwei wenn auch unterschiedlich gerüstete Armeen wirtschaftlich eng verbundener Länder. Ob nun das Urwald-Duell oder dessen rechtzeitige Beilegung das Ansehen des peruanischen Staatspräsidenten Fujimori gesteigert und seine Wiederwahl 1995 gesichert hat mag dahinstehen. Fest steht, dass solche Abenteuer die finanzielle Bonität der Region schwächen und nicht nur aus diesem Grund am besten unterbleiben.

Als auf einer Tagung der elf LAFTA - Staaten in Asuncion vom 28. August bis zum 2. September 1967 die Gründung einer subregionalen Zollunion durch die Gruppe dieser Andenstaaten vorgenommen wurde, zunächst, um die Bestrebungen der LAFTA schneller umzusetzen, war das Fundament des Andenpaktes gelegt. Die sechs Staaten beriefen sich dabei auf ihre am 16. August 1966 einvernehmlich abgegebene "Erklärung von Bogota". Die subregionale Vorzugsbehandlung sollte ursprünglich zugunsten einer höheren Integrationsebene, der LAFTA, abgebaut werden. Doch der "Mercado Commun Subregionale" verfestigte sich.

Die Organe, die die Gemeinschaft mit ihrem Verwaltungssitz in Lima hat, sind: die Kommission, in welche jeder Mitgliedstaat einen Vertreter entsendet; die Junta, welche im Unterschied zu der politischen Aufgabe der Kommission die fachliche Durchführung der Kommissionsbeschlüsse wahrnimmt, die Einhaltung des Vertrages überwacht und einstimmig Vorschläge verabschiedet und das Sekretariat. Ursprünglich gesetzte Ziele, deren Verwirklichung noch nicht vollständig gelungen ist, waren: die Herstellung eines regionalen Außenzolltarifs, der Abbau der nationalen Zollschranken bis auf einen Minimaltarif, die gemeinsame Programmierung der Produktionen mit dem Ziel einer planmäßigen Aufteilung der Produktionsbetriebe auf die Mitgliedstaaten und gemeinsame Modernisierungsaufgaben. Ergänzungsabkommen waren z.B. Abkommen über Petrochemie, Abkommen über die Montage von Automobilen etc. Aber auch Bildungs- und Kulturabkommen waren Frucht gemeinsamer Bemühungen.

Wenn auch die Guerilla-Aktivitäten insbesondere der achtziger Jahre der wirtschaftlichen Entwicklung geschadet haben und politische Unzulänglichkeiten das Vertrauen von Investoren in die Region schmälerten, ist heute der Aufwärtstrend unübersehbar. Beispielsweise Bolivien wird zur Zeit massiv von der Weltbank gefördert.[5] Präsident Gonzalo Sanchez de Lozada, der in den Vereinigten Staaten aufwuchs und lernte, wollte mit liberaler Wirtschaftspolitik den bolivianischen Staat umbauen. Er vertraute dem Markt und setzte auf Privatisierung. Die Erlöse aus der Privatisierung wollte er einem Pensionsfonds für alle Bolivianer zukommen lassen. - Auch die Dezentralisierung zeigte Wirkung. Kleine Gemeinden erhielten einen eigenen Etat und konnten nun wirtschaften. Geld wanderte jetzt auch in die Provinz. Straßen, Schulen, Spielplätze entstanden, allerdings oft genug ohne Berücksichtigung der Folgekosten. Hier wurden sicher Fehler gemacht, die dann später teuer zu stehen kamen.. Die Verbesserungen im Bildungsbereich u.a. auch für die heimischen Indianer, sind allerdings von solcher Kritik auszunehmen. Wenn es am 18. April 1994 zur Ausrufung des Notstandes nach anhaltenden Protesten gekommen war, so nicht etwa deshalb, weil zuviel verändert wurde. Vielmehr wünschte sich die Bevölkerung noch stärkere Reformen.

Hier blendet das vermeintliche regionale Musterland Kolumbien, in dem zu Zeiten des Staatspräsident Ernesto Samper bereits das Regierungsprogramm zur Arbeitsbeschaffung 1994-1998 vorgestellt wurde und die Einführung einer Arbeitslosenhilfe für sozial Schwache angekündigt wurde. Die in Kolombien zu verzeichnende Verschärfung von Kriminalität und Gewalt bleibt im Blick über die Grenzen meist außen vor. Beide Länder haben gemeinsam, dass eine Bekämpfung des Drogenanbaus und Exports wenig Erfolg verspricht ohne anhaltende wirtschaftliche Gesundung. Hier setzten viele auf die Impulse, welche die auf einer Tagung in Lima am 18. April 1995 beschlossene neue Integrationsstrategie geben sollte. Auch hierfür machte Präsident Samper Werbung, als er im Oktober 1995 Gespräche mit Vertretern der Wirtschaft und den Parteien (für die SPD Ulrich Klose) in Bonn führte. Als Argument hatte er eine Reihe von positiven Daten im Gepäck, unter anderem die auf achtzehn Prozent gesunkene Inflation und ein Wirtschaftswachstum, welches 1994 fast sechs Prozent betrug und heute noch anhält. Kolumbien ist im Andenpakt der Wachstumsmotor. Dass dieser Impuls auch Auswirkungen auf Caracas, Quito und Lima hat, bleibt sehr zu hoffen. Das Werben um Investitionen des kolumbianischen Staatspräsidenten kam der Bonner Politik entgegen. Schließlich war und ist es erklärtes Ziel deutscher Wirtschaft, in Lateinamerika nicht den Anschluß zu verpassen.

Drogenprobleme und bedenkliche Menschenrechtssituation sind der Wermutstropfen in einer armen Region, die sich im Aufbruch befindet, dem Andenpakt. Amerikaner und Japaner haben auch hier den Fuß schon in der Tür.

Güterexporte 1965–1995 (in Prozent)

	1965	1970	1980	1990	1995
Güterexporte	100,0	100,0	100,0	100,0	100,0
unverarbeitete Rohstoffe	59,9	51,4	50,9	43,1	25,4
agrarische Produkte (Holz, Obst etc.)	34,4	29,7	17,6	14,9	11,9
Bergbauprodukte (Kupfer etc.)	6,6	7,3	4,8	4,8	3,9
Brennstoffe (Erdöl etc.)	18,9	14,4	28,5	23,4	10,1
verarbeitete Güter	38,8	47,9	48,7	56,2	74,0

CEPAL (Comisión Económica Para América Latina y el Caribe)

Aufbruch ins dritte Jahrtausend
Ein pazifischer Markt APEC

Als am 25. November 1996 in Manila auf den Philippinen die Regierenden der achtzehn APEC-Staaten einen Aktionsplan verabschieden, unterzeichnen sie eines der ehrgeizigsten Vorhaben für das dritte Jahrtausend.

Drei Jahre dauerten die Vorbereitungen für die Jahrestagung des Asiatisch-Pazifischen Wirtschaftsforums (APEC), auf der völlig unterschiedliche Staaten auf ein Ziel hinarbeiten: die größte Handelszone der Welt. Der Zeitplan verfährt entsprechend großzügig. Die reichen Anrainer senken ihre Zölle bis zum Jahr 2010, während den armen Mitgliedern dafür eine zehn Jahre längere Frist eingeräumt wird. Schon der auf den ersten Blick recht großzügig ausgerichtete Zeitplan sagt aus, was alle Beteiligten längst wissen: Auch wenn es sich um eine Region mit enormen wirtschaftlichen Wachstumszahlen handelt und die Vereinigten Staaten federführend mitwirken, ist eine Angleichung in diesem Zeitraum nicht zu erwarten. Es bleibt also ein Zusammenschluß von Ungleichen, der dennoch Anziehungskraft besitzt. Fast ein Dutzend weiterer Staaten will sich hinzugesellen.

Allen voran Wirtschaftsgiganten wie Japan und die USA, wohlhabende Staaten wie Australien und Kanada aber auch dicht bevölkerte aber rückständige Staaten wie Indonesien, Thailand und Malaysia sind dabei. China allein mit seiner Bevölkerung von mehr als einer Milliarden Menschen stellt diesbezüglich alles in den Schatten. Immer wieder für internationales Aufsehen sorgen die Tiger-Staaten mit ihrer offensiven Exportpolitik wie z.B. Singapur.Aber auch Süd-Korea oder Taiwan dürften sich weitere Expansionen versprechen.

Interessant erscheint auch die Stellung der lateinamerikanischen Mitglieder der APEC. Während Kanada und USA als NAFTA-Staaten und hochentwickelte Industrienationen bestens für derartige Unternehmungen gerüstet sind, tut sich Mexiko schwer. Unter politischen Problemen, wie z.B. Indianer-Aufständen leidend, gekennzeichnet durch mangelnde Infrastruktur und ansonsten ein typisches Schwellenland, kommt es darauf an, ob der nächste Schritt zur Industrialisierung noch rechtzeitig Erfolg hat. Nicht zu unterschätzen ist hierbei die Signalwirkung, welche von der Unterzeichnung des Friedensvertrages zwischen Guerilla und Regierung in Guatemala Ende Dezember 1996 ausgeht. Die überwiegend bedrohten aufständischen Indianer Guatemalas hatten sich in große Flüchtlingslager auf mexikanischem Gebiet zurückgezogen und hielten Kontakt mit aufständischen mexikanischen Indios. Sie kehren zum größten Teil doch nach Guatemala, ihrer Heimat, zurück, auch wenn sie seit vielen Jahren in Mexiko leben. Der Frieden in Guatemala ist aber nicht lediglich eine Frage des Vertrages, sondern in erster Linie seiner Umsetzung, wie der schwierige Friedensprozeß in El Salvador und Nicaragua zeigt. Guter Wille ist nach langen Kämpfen und 200.000 Toten genug vorhanden, aber die Probleme einer Reform der politischen Strukturen oder der Besitzverteilung sind erheblich.

Es sind naturgemäß die Länder an der lateinamerikanischen Westküste, die sich eventuell von der APEC etwas versprechen, wie auch Chile, welches, regiert von Eduardo Frei (PDC) ab dem 17.1.2000 von Ricardo Lagos (PS), Mitglied der APEC ist, ständige Zuwächse des Bruttosozialproduktes zu verzeichnen hat und mit einer Arbeitslosenrate von 5,9 % (1994) manchen westlichen Regierungschef vor Neid erblassen läßt. Dennoch ist das Land arm. Es muß im Falle drastischer Zollsenkungen die harte Konkurrenz aus Fernost fürchten. Wenn auch 40 % der Welt-Kupfervorkommen hier angesiedelt sind, ist dieses eine Standbein bei weitem zu wenig. Die Fäden im Hintergrund zog lange der umstrittene General Pinochet, so dass die chilenische Demokratie ihre autoritäre Komponente behielt. Fehlendes Selbstvertrauen und auch die Suche nach den auswärtigen Problemlösungen sind allerdings charakteristisch für die Region.

Die seit langem praktizierte Schutzpolitik hat Eigeninitiative einschlafen lassen und eine übertriebene Erwartungshaltung gegenüber dem Staat auf Zuteilung von Privilegien bewirkt. Dies macht einen wesentlichen Unterschied zur Mentalität in einigen asiatischen Staaten aus. Eine Änderung der Mentalität wäre ebenso unabdingbar, wie die Weckung von Eigeninitiative und Selbstvertrauen und die Schaffung genügender Grundlagen. Hier liegt ein weites Feld brach, wo es auf Selbsthilfe, Eigeninitiative und die Fähigkeit ausgleichend (und nicht in Freund-Feind-Schemata) zu denken ankommt.

Aufbauen müssen die lateinamerikanischen Staaten auf ihrer gemeinsamen Kultur. Nur bedingt können sie von "erfolgreichen" aber völlig anders gearteten Staaten, wie z.B. Japan lernen. Die Märkte in Japan sind zwar erstaunlich weitgehend reguliert, aber dennoch dynamisch. Der einzelne ist zwar in strenge Hierarchien eingeordnet, aber zugleich herrscht auch starke Solidarität. Konfuzianismus und verwurzelter Buddhismus sind jedoch die

Ausgangspositionen in Japan und damit völlig anders als in sämtlichen Staaten Lateinamerikas. Der Dogmatismus einer sendero luminoso oder tupac amaru in Peru findet seine Entsprechung im caudillismo oder im Versuch, sozialistische Ideen mit Gewalt durchzusetzen. Der ständige Kampf um die Macht lähmt die wirtschaftlichen Initiativen und führt in die verkehrte Richtung. Es sind aber nicht nur die inneren Zerwürfnisse, die die Erreichung der Voraussetzungen für eine funktionsfähige APEC in Frage stellen. Auch zwischenstaatliche Konflikte wären geeignet, die Bemühungen eines Landes um internationale Konkurrenzfähigkeit zu beeinträchtigen. Mag auch das Problem zwischen Mexiko und Guatemala seiner Lösung entgegengehen, so bleibt an der Westküste Lateinamerikas noch das andere, nämlich Kolumbien, wo sich zwei Armeen nach wie vor gegenüberstehen. Der neue Präsident Ecuadors Gustavo Noboa wird sich noch am 24.1.2000 durch Putsch gegen Jamiel Mahuad Witt (DP) an die Macht gelangt, wird sich noch bewähren müssen. Zunächst hat er den Dollar doch als Zahlungsmittel eingeführt.

Aber auch Rotchina und Taiwan gaben wiederholt Anlaß zur Sorge, und Minderheitenprobleme sind in asiatischen Ländern immer wieder aufgebrochen. Hier stößt man auf das heikle Thema Menschenrechte, für die sich dann insbesondere die wohlhabenden Länder stark machen. Die ASEAN-Staaten und China sind hier wenig aufgeschlossen. Dies mußte auch Bill Clinton wiederholt feststellen.

Allen Hemmnissen zum Trotz haben sich die APEC-Staaten geeinigt und einen Zeitplan für den Zollabbau erstellt. Kaum aber existiert ein solcher Plan, führen ausgerechnet die USA neue Zölle ein (z.B. die Besensteuer gegen billige mexikanische Produkte). Dies wirft ein bezeichnendes Licht auch auf die NAFTA.

Das gigantische aber diffuse Gebilde APEC ist zwar noch weit von einem wirklichen Wirtschaftspakt entfernt. Die Sorge, dass durch anhaltende starke Konkurrenz der Wirtschaftsblöcke und Interessenkollisionen die sicherheitspolitische Handlungsfähigkeit der NATO leiden könnte, ist unbegründet. Tatsache aber ist, dass die USA zunehmend ihren wirtschaftlichen Schwerpunkt Richtung Asien verlagern und dort ihre Wachstumspotentiale sehen. Europa rückt durch eine intensive Zusammenarbeit mit der südamerikanischen Freihandelszone MERCOSUR nach.

Nach wie vor sind es und werden es nicht allein die Dachorganisationen sein, die über Erfolg oder Mißerfolg von Märkten und Bündnissen entscheiden. -

Die Zahl der Probleme ist groß, insbesondere dann, wenn unterschiedliche Kulturen aufeinanderstoßen, wie es bei der APEC vorkommt. Die Europäer, besonders aber wir Deutschen, wissen das.

Mercosur - Ein aufstrebender Markt - USA-Europa-Südamerika: Entwicklung Richtung transatlantisches Dreieck?

Der Handel Europas mit Südamerika insbesondere dem MERCOSUR boomt, so dass vereinzelt schon das Jahrzehnt des Jaguars (in Anlehnung an die "Tigerstaaten" Asiens) eingeläutet wurde. Der Handel der MERCOSUR-Staaten untereinander vervierfachte sich im vergangenen Jahrzehnt bereits, während die EU-Exporte einen Zuwachs von weit über 100 Prozent zu verzeichnen haben. Noch ist die EU wichtigster Handelspartner des MERCOSUR.

Enorm sind jedoch die Direktinvestitionen der Vereinigten Staaten von 33,7 Mrd. US-Dollar allein zwischen 1990 und 1994 in Lateinamerika (ein Drittel davon in Mexiko). Ein triftiger Hintergrund aber nicht nur für die bereits in Szene gesetzte nordamerikanische Freihandelszone NAFTA sondern sicher auch Anlaß für die Bemühungen um eine den Doppelkontinent umfassende Freihandelszone, die FTAA (Free Trade of the Americas).

Im Dezember 1994 trafen sich in Miami vierunddreißig Staatschefs zum "Gipfel der Amerikas" und projektierten eine Wirtschaftszone von 850 Millionen Verbrauchern, deren Konkretisierung bis zum Jahr 2005 erfolgt sein soll. Folgetreffen auf Ministerebene fanden in Denver (7/95), Cargagena (3/96) und Belo Horizonte (5/97) statt. Der zweite hemissphärische Gipfel stand im März 1998 in Santiago de Chile an, wo sich auch der Beitritt Chiles zur NAFTA konkretisieren sollte. Demgegenüber standen noch die brasilianischen Bestrebungen erst einmal alle südamerikanischen Staaten in den MERCOSUR zu integrieren, um danach die Verhandlungen über eine panamerikanische

Freihandelszone einzugehen, wie in Belo Horizonte deutlich wurde. In diesem Zusammenhang wird auch das NAFTA-Engagement Chiles verurteilt.

Die Südamerikaner befürchten Protektionismus, Subventionen und Dumping des übermächtigen nördlichen Konkurrenten. NAFTA und MERCOSUR sind bereits Konkurrenten im Hinblick auf zahlreiche Produkte sowohl regional, da US-Firmen ohnehin in den MERCOSUR-Ländern präsent sind, als auch auf dem Weltmarkt. Die einfachste Lösung wäre wohl ein Vertrag zwischen NAFTA und MERCOSUR, geht Washington indes nicht weit genug.

Die EU hat den MERCOSUR als aufstrebenden Markt erkannt und am 15. Dezember 1995 auf dem Gipfel in Madrid mit dem MERCOSUR-Markt ein Abkommen über die Schaffung einer interregionalen Assoziation unterzeichnet. Dies war das erste Assoziierungsabkommen auf gleichberechtigter Basis zwischen einem Schwellenländerverbund des Südens und einem Wirtschaftsblock des Nordens. Es läuft in den nächsten zehn Jahren auf eine Art Freihandelszone hinaus. Die EU verhandelt dabei von Zusammenschluß zu Zusammenschluß und nicht wie die Vereinigten Staaten mit den einzelnen Ländern. Dies geschieht auch in deutschem Interesse, denn von allen europäischen Ländern haben die deutschen Unternehmen den umfangreichsten Handel mit den MERCOSUR-Ländern und sind die größten Investoren. Fahrzeugbau, Chemie, Elektrotechnik sind nur einige der vielen Sparten, die dort stark vertreten sind. So ist die positive Haltung vom brasilianischen Botschafter

Roberto Abdenur zu einer engen deutschen Kooperation mit Brasilien und dem MERCOSUR im Rahmen eines Bonner Vortrages verständlich.[6] Weniger jedoch seine Warnung vor einem bestehenden EU-Protektionismus. Aber auch der Abbau von Handelsschranken ist ja im Abkommen mit dem MERCOSUR vorgesehen. Ebenfalls sind unübersehbar die Erfolge durch Reformbestrebungen stabile demokratische Verhältnisse in den Ibero-Staaten zu etablieren. Kontinuität brachten 1959 z.B. die Wiederwahl von Menem (Argentinien) und Cardoso (Brasilien), ermöglicht durch eingehende Verfassungsänderung oder Verfassungsergänzung. Dasselbe erstrebte Perez Balladares in Panama. In Uruguay machte Sanguinetti die Wahlrechtsreform. In Peru allerdings hat sich Alberto Fujimori mit einer sehr gewagten "Verfassungsinterpretation" zum dritten Mal behauptet. Die demokratischen Reformen weiterzuführen, gelobte auch Hugo Banzer, deutschstämmiger ehemaliger Diktator (1971 bis 1978), der im August 1997 durch ein Wahlbündnis in Bolivien legal an die Macht gelangte. Privatisierung großen Ausmaßes, Umverteilungen zugunsten der ansässigen Landbevölkerung und zweisprachiges Bildungssystem sind nur einige Punkte eines umfangreichen Reformpaketes, an dem sich Banzer zu profilieren hatte. Eine besondere Situation ergibt sich auch im NAFTA-Land Mexiko, wo nach jahrzehntelanger Einparteienherrschaft die PRI Ernesto Zedillos (die Partei der institutionalisierten Revolution) zugunsten von Cuhautemoc Cardenas PRD (Partei der demokratischen Revolution) die Mehrheit im Repräsentantenhaus verlor. Die Unruhen in Chiapas mit ihren Folgen schwächen das ansonsten aufstrebende Land, das zwei Jahre nach der schweren Wirtschaftskrise 20 Mrd. Dollar Schulden vorzeitig an die USA zurückgezahlt hatte.

Vieles spricht für die stetige Entwicklung der demokratischen Verhältnisse in den verschiedenen Staaten, auch wenn ab und zu, wie in Chile lange General Pinochet, im Hintergrund noch die alte Garde die Fäden zieht. Aber im Gegensatz zu den achtziger Jahren, wo der recht neue Demokratisierungsprozeß zwar auch wirtschaftlich viele Hoffnungen weckte, die Verschuldungskrise aber alles zunichte machte, stimulieren heute die wirtschaftlichen Parameter; und der demokratische Grundkonsens verbessert die Standortqualität. Bei einem stetigen regionalen Wachstum von 3,1 % (1991-1996) laut Cepal und günstigen Zukunftsprognosen über die Jahrtausendwende hinaus bleibt die Region interessant.

So muß betont werden, dass es in den letzten Jahren immer wieder gelungen ist, aufkeimende Grenzkonflikte beizulegen, ohne Eskalation und regelrechte Kriege.[7] Lediglich die "verlorene Dekade", die wirtschaftlich negativen achtziger Jahre belasteten Iberoamerika zu Anfang.[8]

Anders gestaltet sich die Lage im von den Kosten der Einheit belasteten Deutschland. Hier wurden Anfang der neunziger Jahre stattfindende Privatisierungen (z.B. in Argentinien) gar nicht wahrgenommen und das Feld unter anderem den europäischen Nachbarn oder der USA überlassen. Seit Mitte der neunziger Jahre gewinnt Deutschland an Initiative und ist jetzt vollwertiger Partner. Die transatlantische Freihandelszone TAFTA (EU und USA) war ein Vorschlag des Außenministeriums, propagiert 1996 (Klaus Kinkel, Kölner Lateinamerikawoche) und von vielen mit Skepsis betrachtet. Es grassierte die Befürchtung, dass sich der reiche Norden mal wieder auf Kosten des armen Südens einigen könnte.

Man verfiel auf die Bezeichnung "transatlantische Agenda, um Handelshemmnisse aus dem Weg zu räumen. Die Keimzelle eines Freihandelsdreiecks könnte dies für die ferne Zukunft bedeuten.[9] Zunächst aber muß festgestellt werden, daß ein europäisches Modell (EU-MERCOSUR-Vertrag) mit einem nordamerikanischen Modell (NAFTA-FTAA) konkurrieren. In diesem Wettbewerb kommt die europäische Variante den Vorstellungen der beteiligten südamerikanischen Staaten am nächsten. Man verspricht sich zahlreiche wirtschaftliche Vorteile und ein gestärktes Selbstbewußtsein von einem erweiterten MERCOSUR, während das Mißtrauen gegenüber dem großen Bruder im Norden mit seiner FTAA-Strategie nicht ausgeräumt werden konnte. Vielmehr gehen brasilianische Bestrebungen sogar in einer Perspektive der ALCSA (südamerikanische Freihandelszone).

Für Deutschland sind gute Handelsbeziehungen zu den Vereinigten Staaten von Amerika eine Selbstverständlichkeit und das Interesse an der Stärkung des europäischen Pfeilers ist ungebrochen. Die Handelsbeziehungen zu MERCOSUR-Staaten sind ebenfalls eng. Wenn auch aus der deutschen Sicht wenig selbst gegen eine vertragliche Einigung jeder Art und eines Transatlantischen Dreiecks spräche, so sind doch die gegensätzlichen Auffassungen von den anderen Beteiligten ausschlaggebend.

Die interregionalen Beziehungen zwischen den Europäischen und den Südamerikanischen Staaten wurden insbesondere von den Rahmenabkommen mit dem MERCOSUR intensiviert. Die Möglichkeit, weitere regionale, subregionale (z.B. MCCA) oder nationale Partner zu finden, läßt der Vertrag offen.

Wenn auch wenig gegen eine Bündelung spräche, so sind doch die gegensätzlichen Auffassungen der anderen Beteiligten ausschlaggebend. Vorläufig sind aber bereits bei den kleineren Unterfangen die Neigungen zu verstärktem Protektionismus, Subventionierung und Abschottung so stark ausgeprägt, und sei es nur um Klientel für einen Wahlsieg nicht zu verprellen, daß jeder Schritt erhebliche Mühen, Zeit und nicht zuletzt Geld kostet, aber wenig erfolgversprechend erscheint.

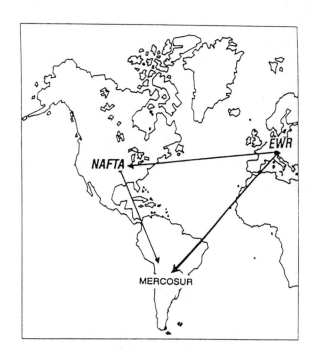

Neue Märkte in Lateinamerika
- Raum für Eigeninitiative

Seit der Entkolonialisierung nach dem Zweiten Weltkrieg ist die Mehrheit der Erdbevölkerung nicht mehr Objekt, sondern Subjekt der Politik. Auch hat der Zusammenbruch der Sowjetunion den Zwang zur politischen Polarisierung Ost-West entfallen lassen und das strategische Interesse an der Region Südamerika erheblich schrumpfen lassen. Dadurch gewann die Region erstmals an Boden für selbständige Eigeninitiative, die politisch im Hinblick auf Demokratisierung und wirtschaftlich durch neue und verbesserte Marktstrukturen ihren Ausdruck findet.

So gründeten Mexiko, stark eingebunden durch sein NAFTA-Engagement und durch Indianeraufstände in Chiapas bedroht, mit dem durch Guerilla und seine Drogenprobleme geplagten Kolumbien und dem Andenpaktstaat Venezuela den losen Zusammenschluß "Gruppe der Drei". Von diesen drei Staaten ist langfristig eine weitgehende Initiative zur Einbindung der zentralamerikanischen Länder zu erwarten, die aber zur Zeit auf wenig Verständnis stoßen würde.

Da fällt es den Mexikanern schon leichter, ihren Handel mit den im CARICOM zusammengeschlossenen karibischen Staaten zu intensivieren, von denen das aufstrebende Mexiko nicht so leicht als Bedrohung wahrgenommen wird. So führte die "Gruppe der Drei" auch überwiegend zur Verbesserung der ohnehin im Andenpakt zusammengeschlossenen Länder Venezuela und Kolumbien. Venezuela, mit etwa 22 Mio. Einwohnern und einem nur wegen der noch großen Erdölvorkommen relativ hohen Bruttoinlandsprodukt von 75 Mrd. Dollar sowie Kolumbien mit seinem stetigen Wachstum des Bruttosozialproduktes von jährlich durchschnittlich über vier Prozent seit 1990 sind für die Region und ihren Wandel von großer Bedeutung. Darüber waren sich auch die Präsidenten Ernesto Samper Pizano (Kolumbien) und Rafael Caldera Rodriguez (Venezuela) im Klaren, deren Präsidentschaften 1998 und im folgenden Jahr 1999 ausliefen. Als Besonderheit kommt hinzu, dass Caldera Rodriguez als parteiloser Präsident amtierte (Nachfolger Hugo Chaves). Wenn auch die wirtschaftliche Lage in Kolumbien nach wie vor positive Tendenz aufweist, verschlechterte sich die Sicherheit zunehmend durch Aktionen von linker Guerilla und den paramilitärischen

Einheiten. Die FARC (Fuerzas Armadas Revolucionarias de Colombia) und ELN (Ejercito de Liberacion Nacional) mit einer Stärke von etwa 15000 Mann kontrollieren bis zu einem Drittel des Landes. Schutzgelderpressungen sind an der Tagesordnung. Die Armee schafft es nicht, die Sicherheit zu garantieren, und rechte Söldnertruppen sorgen für weiteres Blutvergießen. Der Drogenhandel floriert weiterhin. Stark verstrickt in das Drogenproblem ist auch Mexiko. Über Mexiko fließen mehr als 70% der in die USA geschmuggelten Drogen, so dass es kaum verwundert, daß immer wieder Drogenaffären die mexikanische Gesellschaft erschüttern. Gegner und Zeugen werden von den Drogenkartellen umgebracht. - Als weiteres Problem stellen sich die Indianerrevolten in Chiapas dar. Die etwa 16 Mio. Indianer, unterteilt in 56 Völker fordern Rechte und Sicherung ihrer Kultur. Wenn nun auch die Verhandlungen zwischen dem EZLN (Befreiungsheer) und der Regierung Fortschritte machen, so wurden sie doch oft durch Aktionen und Aufstände suspendiert.

Direkt an Venezuela grenzen weitere Besonderheiten der bunten Karibik: die AKP-Staaten. Hier handelt es sich um fünfzehn Staatengebilde, eine Anzahl von Kleinstaaten auf Inseln, die durch das Abkommen von Lomé besonders enge wirtschaftliche Verbindungen mit Europa pflegen. Viele Jahrhunderte hindurch Zankapfel zwischen Briten, Franzosen und anderen europäischen Mächten, bieten sie sich heute als friedliche Urlaubsparadiese an, wobei rein wirtschaftlich deutliche Unterschiede bestehen. So zeichnen sich die vor Venezuela liegenden Inseln Trinidad und Tobago durch solide Handelsbilanz und vorhandene Industrie aus, während das benachbarte Grenada auf Tourismus setzt. Als

Festlandstaaten gehören Guayana (präsidiale Republik) und das holländisch sprechende Surinam zum AKP. Beide Länder sind dünn besiedelt und leben vorwiegend vom Bauxitexport und der Landwirtschaft.

Kleinste Inselstaaten wie Barbados, St. Vincent, St. Christoph und Nevis, Dominika, Antigua und Barbuda gehören genauso zum AKP wie das "Steuerparadies" Bahamas, das im Norden an die Vereinigten Staaten grenzt.

Sorgenkinder, wie das politisch lange Zeit instabile und arme Haiti mit seinem 1996 gewählten Staatsoberhaupt René Préval gehören zur AKP wie auch die benachbarte wohlhabendere und tourismusfreundliche Dominikanische Republik.

Der einzige Kleinstaat auf der mittelamerikanischen Landbrücke, der zum AKP zählt, ist Belize, das frühere Britisch-Honduras. Hier lebt man von dem Zuckerrohranbau, von der Fischerei und zunehmend vom Tourismus.

Armut und Absonderung wird auch weiterhin kennzeichnend für die über Tausende von Quadratkilometern verstreut liegenden karibischen Staaten sein, die durch ihre Selbständigkeit zwar Stimmrechte in internationalen Organisationen, wie u.a. der UNO, gewonnen haben, aber kaum über die Mittel verfügen, ihren damit schon erwachsenden internationalen Verpflichtungen nachzukommen.

Anders situiert ist der ebenfalls exponiert an der Westküste Südamerikas gelegene und sehr an den marktorientierten internationalen Zusammenschlüssen interessierte Staat Chile. Assoziiert an den MERCOSUR und auf dem Weg Vollmitglied zu werden, ist dieses Land gleichzeitig auch dem pazifisch orientierten APEC angeschlossen. Wenn der amerikanische Kongreß nicht Bill Clintons "fast track"-Möglichkeiten energisch beschnitten hätte, wäre Chile auch schon NAFTA-Mitglied. Dieses innenpolitisch durch nachhaltige Versuche General Pinochets, seine Macht zu sichern, lange beeinträchtigte Land, nutzt seine Möglichkeiten sowohl regional als auch interregional zur Verbesserung seiner wirtschaftlichen Lage.

Da eine Vollmitgliedschaft Chiles, das wie Bolivien schon dem MERCOSUR assoziiert ist, nur eine Frage der Zeit sein kann, wird man dort mit optimistischen wirtschaftlichen Prognosen rechnen. Die jährlichen wirtschaftlichen Wachstumsraten von durchschnittlich mehr als 7 Prozent in den neunziger Jahren stützen den Optimismus. Chiles aktive Eingliederung in den Weltmarkt trägt den Anforderungen einer durch zunehmende Globalisierung vernetzter gewordenen Welt Rechnung. Das Land strebt eine Stellung als Dienstleistungs- und Transportkorridor Richtung Asien an, und für Länder wie Argentinien bedeutet dies, dass vom Hafen Santiago aus die Märkte Nordamerikas und Asiens in der halben Zeit erreichbar sein werden. Chile ist mit seinem Assoziierungsvertrag auch Vorreiter für andere Länder, wie Mexiko, Venezuela und Peru, wo die Gespräche oder Sondierungen bereits laufen. Das Abkommen mit Bolivien ist schon am 1. Januar 1997 in Kraft getreten. Chile unterzeichnete zusammen mit Bolivien auch die Demokratie-Klausel des MERCOSUR.

Für uns Europäer hatte die aktive Eingliederung Chiles und Boliviens die eindeutige Konsequenz, dass beide Staaten bei Verhandlungen im Rahmen der Verträge EU-MERCOSUR mit am Tisch saßen. Dies war wichtigstes Ergebnis des MERCOSUR-Gipfels vom Juni 1997 in Asuncion.

	durchschnittl. jährliches Wachstum BIP (in Prozent)			
	1961 bis 1970	1970 bis 1980	1980 bis 1990	1990 bis 1995
Zentralamerika	**Bruttoinlandsprodukt (BIP)**			
Belize	–	–	5,0	4,1
Costa Rica	6,0	5,5	2,2	4,4
El Salvador	5,8	2,3	–0,4	4,7
Guatemala	5,5	5,7	0,9	4,3
Honduras	5,3	5,7	2,3	3,4
Mexiko	7,0	6,6	1,7	0,8
Nicaragua	7,1	0,0	–1,4	1,8
Panama	8,1	5,2	0,7	5,6
Karibik				
Dom. Rep.	5,1	7,1	2,0	4,7
Haiti	0,8	4,7	–1,0	–4,2
Jamaika	5,1	–0,9	2,3	1,1
Trinidad/Tobago	4,3	5,6	–3,0	1,6
Südamerika				
Argentinien	4,4	2,5	–0,9	5,1
Bolivien	4,7	3,9	0,2	4,0
Brasilien	5,4	9,4	1,4	2,7
Chile	4,2	2,6	2,8	6,9
Ecuador	5,2	9,6	1,8	3,7
Guayana	3,6	0,9	–3,5	9,9
Kolumbien	5,2	5,5	3,7	4,3
Paraguay	4,6	8,7	3,0	3,0
Peru	5,5	3,7	–1,2	5,8
Surinam	5,3	4,7	–1,5	0,1
Uruguay	1,6	3,1	0,3	3,6
Venezuela	6,3	3,6	1,1	3,5

Nach:Inter American Development Bank Report

Freihandel für ganz Amerika
Ein Schritt zur neuen Weltordnung?

Als der US-Präsident Monroe 1823 seine berühmte Doktrin verkündete, richtete sie sich gegen den in seiner Blüte befindlichen Kolonialismus, der das neunzehnte und frühe zwanzigste Jahrhundert durchaus noch prägte. Im Zeichen der ideologischen Ost-West-Konfrontation wurde dann nach 1945 eine schädliche Interventionspolitik betrieben, die trotz verbaler Gleichberechtigungsbekenntnisse die regionalen Nachbarn auseinanderdriften ließ. Beispiele seien die 1954 vom CIA gestürzte Regierung Guatemalas, die Kuba-Invasion, der Sturz Salvador Allendes oder Grenada 1982. Wenn auch aus unterschiedlichen Gründen, so machte sich die US-Regierung doch viele Gegner und stieß zunehmend auf Mißtrauen in Südamerika. Von Somoza bis Duvalier erfreuten sich die schillerndsten Diktatoren der Unterstützung aus USA. Von den einen als Hinterhofpolitik verdammt und von den anderen als aggressive Wirtschaftspolitik im neokolonialen Mäntelchen gebrandmarkt, sahen viele auch nur die wirtschaftliche Dekadenz des nördlichen Giganten. Grundlegende Veränderung brachte hier - das ist in der Tat ein weiterer positiver Effekt neben dem Zusammenwachsen Europas - die Aufhebung des Ost-West-Konfliktes in der Folge der Ereignisse nach 1989. Das Politische ist nicht mehr die grundsätzlich zuoberst stehende Frage, deren Behandlung eine völlig separate Rolle spielt. Die Festigung des demokratischen Gedankengutes in Lateinamerika und die dort herrschende marktwirtschaftliche Orientierung lassen eine neue Weltwirtschaftsordnung wohl auch in diesen Sphären zu. Die verschiedenen GATT-Runden, unter anderem auch die sogenannte Uruguay-Runde haben schon zu Ergebnissen geführt. Bei der Aushandlung der jeweiligen Vorteile bleibt zunehmend darauf zu achten, dass der Süden nicht benachteiligt wird.

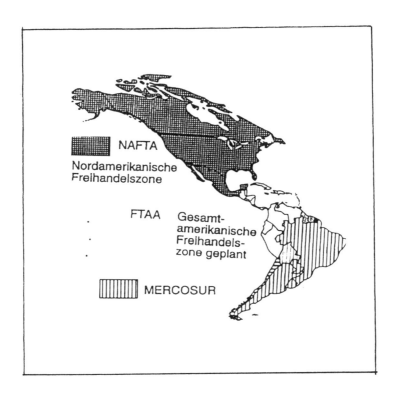

Diese Frage ist eine zutiefst wirtschaftliche, mit enormen politischen Konsequenzen. Wenn sich nun die letzte verbliebene Weltmacht USA,-sowohl Japan als auch Deutschland stellen trotz großem Wirtschaftspotential keinerlei Vormachtansprüche - regional mit seinen südlichen Nachbarn zusammenschließt, eröffnet dies global völlig neue Perspektiven. Die global-strategische ist der global-wirtschaftlichen Sichtweite gewichen, was den Einstieg ins dritte Jahrtausend erheblich erleichtert. Insbesondere ermöglicht diese Veränderung es zunehmend, die wirklich wesentlichen Probleme anzugehen, die mit den Themen Drogen, Technologie, die Handelsschranken sowie medizinischer Fortschritt und dem sehr wichtigen Thema Umwelt zu tun haben.

Ausgangspunkt der Entwicklungen war die sog. EAI-Initiative Präsident Bushs (Enterprise for the Americas Initiative) im Jahr 1990 mit dem dazugehörigen Plan.[10] Zunächst hat das NAFTA-Vorhaben die Kräfte der Regierung Bush beansprucht, so dass erst der panamerikanische Gipfel von 1994 in Miami zur Zeit der Clinton-Administration dazu geeignet war, die Vorschläge den lateinamerikanischen und auch den karibischen Partnern in dokumentarischer Form zu unterbreiten. Zentraler Kern war eine Freihandelszone FTAA, die ganz Amerika umfaßt. Ein Zeitplan wurde erstellt, der auf das Jahr 2005 ausgerichtet eine Reihe von neuen Handlungen betrifft und einige Prinzipien enthält. Eine Dreierkommission aus OAS (Organisation Amerikanischer Staaten) IDB (Panamerikanische Entwicklungsbank) und der ECLAC der Vereinten Nationen wurde alsbald gebildet. Die Wirtschaftsminister trafen sich daraufhin in Denver, Cartagena, Belo Horizonte und San Jose, um nach dem Motto "Handel statt

Hilfe" die Interamerikanischen Beziehungen auf ein neues Niveau zu heben. Nach dem defizitären Handel mit Asien und dem stagnierenden mit Europa (Defizit der Handelsbilanz Vereinigte Staaten 1998: 248 Mrd. Dollar) ergeben sich hier gewisse Expansionsmöglichkeiten, denn es herrscht ein dauernder, deutlicher Außenhandelsüberschuß für die Handelsbilanz der USA. Außerdem wurde in Belo Horizonte neben der Fixierung verschiedener gemeinsamer Ziele auch Chile eingeladen, als nächstes Land der NAFTA beizutreten, ein Unterfangen, welches durch die Opposition im US-Kongreß blockiert wurde.

Brasilien allerdings stellte sich dabei auf den Standpunkt, dass lediglich gleichberechtigte Partnerschaft weiterhelfe und lehnte eine einseitige Gewährung von Begünstigungen für besonderes Wohlverhalten durch die USA ab. Dabei könne es sich durchaus um Verhandlungen mit bereits bestehenden Organisationen wie MERCOSUR oder MCCA handeln. In San Jose suchten die Wirtschaftsminister gemeinsame Lösungen und einen Zeitplan für weiteres Vorgehen. Ein Ausschuß wurde gebildet, der neun Sparten umfaßt (unter anderem: Investitionen, Dienstleistungen, Streitschlichtung, Landwirtschaft, geistiges Eigentum, Dumping, Wettbewerb). Unter dem Vorsitz von Brasilien und den USA soll sodann das letzte Stadium der Verhandlungen stattfinden. Die beschnittenen fast-track-Möglichkeiten der Clinton Administration verhinderte die Aufnahme Chiles in die NAFTA, die auf dem zweiten hemisphärischen Gipfel im März 1998 in Santiago de Chile anstand. Die davon ausgehende Bremswirkung sollte nicht unterschätzt werden. Auch viele der Nordamerikaner fürchten unübersehbare Verpflichtungen und Risiken. Große Fortschritte konnten auch in den anstehenden Sachthemen nicht gemacht werden.

Starke Hemmschwellen bleiben dabei das Gefühl, für die kleineren und kleinsten Länder Südamerikas, nicht gleichwertiger Partner der USA zu sein, also im Wettbewerb zu unterliegen und für die Brasilianer der Aspekt, als regionale Vormacht eigene, opponierende Vorstellungen zu vertreten. Dies gilt, obwohl die Vereinigten Staaten betont Gleichrangigkeit vertreten und keinen politischen Sonderstatus beanspruchen. Gleicher unter Gleichen zu sein, jeder Stimme eines Landes auch das gleiche Gewicht zukommen zu lassen, ist heute besonderes Anliegen und derzeit Selbstverständnis der USA im Umgang mit seinen südlichen Nachbarn. Nicht ohne Grund saßen bei den zwei Gipfeltreffen in Miami und Santiago alle vierunddreißig Ländervertreter (Kuba war ausgeschlossen) an einem runden Tisch zusammen. Experten vermuten, dass ein bis 2005 erfolgreich eingeführter Markt FTAA noch weitere zehn bis fünfzehn Jahre benötigt, um voll wirksam zu werden.[11] Manche südamerikanische Länder liebäugeln sogar mit einer Währungsunion (argentinischer Wahlkampf 1999) auf Dollarbasis mit den Vereinigten Staaten, wobei vielen sicher nicht bewußt wird, wie schwer es ist, Konvergenzkriterien zu erfüllen. Mit diesen Problemen kämpfen selbst starke europäische Volkswirtschaften. Das ausgeprägte Nationalbewußtsein vieler Staaten ist weiterer wesentlicher Hinderungsgrund. Als Leitwährung spielt der Dollar ohnehin die dominierende Rolle. Lateinamerika und das wird vor allem deutlich, stellt sich den Problemen einer neuen Weltordnung auf vielfältige Weise. Manches bleibt und manches ändert sich. So feierte Fidel Castro am 1. Januar 1999 den 40. Jahrestag seiner Revolution mit der er 1959 das korrupte Batista-Regime stürzte ungeachtet des Verbotes, das jedem US-Amerikaner auferlegt ist, mit Kuba Handel zu treiben. Andererseits wurde in Venezuela mit Hugo Chavez ein ehemaliger Putschist zum Präsidenten gewählt, was in einem Land, in dem der Weg vom Guerilla zum legalen Abgeordneten erstaunlich häufig gelang, noch nicht einmal so ungewöhnlich ist. Südamerika behält Anschluß an weltweite Entwicklungen, ohne seine regionalen Besonderheiten verloren zu haben.

Der FTAA ist ein kühnes Projekt, kaum vergleichbar mit der NAFTA.[12] Aber die Mexikaner dürfen heute noch nicht nach USA über die Grenze, während der Warenaustausch ungehindert erfolgt. Es bewegt sich vieles und Europa sitzt dabei mit im Boot, da es umfangreiche Handelsabkommen sowohl mit dem MERCOSUR, den zentralamerikanischen MCCA-Ländern, den Andenpakt-Staaten und auch den karibischen Staaten gibt. Die traditionell besonders guten Handelsbeziehungen insbesondere Deutschlands mit den USA werden aktuell besonders durch Fusionen großer Unternehmen publik, die für das dritte Jahrtausend nach international konkurrenzfähigen Dimensionen trachten.

Vom kalten Krieg zu heißen Auseinandersetzungen um die eigene Währung - Lateinamerikas Unruheherde

Viele Erklärungen gibt es für Ereignisse in einer Region, wo Aufstände, auch Umstürze und Untergrundaktivitäten häufig, regelrechte Kriege eher selten sind. Die klassische Deutung der Verhältnisse wird auch im Norden des Doppelkontinentes, den USA und Kanada so gesehen: Lateinamerika war eine Front im kalten Krieg. So wie in Vietnam und in Europa die Ideologien aufeinanderprallten, so manifestierten sich auch die Ost-West Gegensätze in Lateinamerika in einer größeren Anzahl von Guerillakriegen, die mit zum Teil äußerster Brutalität ausgetragen wurden. Unter dem Anspruch Repression und Ausbeutung zu überwinden, kämpfte die Guerilla speziell nach den Lehren und Vorbildern von Mao Tse Tung, Sandino, Che Guevara und anderen. War es zunächst nur der ländliche Bereich, den sich die Guerilla auch aus taktischen Gründen auswählte, so zeigte Carlos Marighella in seinem "Mini-manual do guerillero urbano" Ende der 60er Jahre einen Weg auf, um das Militär an die Städte zu binden. Es begann der Kampf in den Favelas und Barrios. Als Beispiel seien die Stadt-Tupamaros in Uruguay genannt. Erfolge gab es allerdings nur wenige. Außer Nicaragua und El Salvador setzten sich die Guerillas nirgendwo recht durch. Im Gegenteil: Diktaturen traten an, die, wie z.B. in Argentinien im sogenannten "schmutzigen Krieg", zuerst die Terroristen, dann das Umfeld und zuletzt noch die Ängstlichen (nach General Iberico Saint Jean, dem Gouverneur der Provinz Buenos Aires) folterten und umbrachten. Für Guatemala beklagt bereits US-Botschafter Peter Wessey 1967 zahlreiche Foltern und Morde durch Soldaten in Guatemala (Washington Truth Commission). Die blutigsten Jahre der sechsunddreißigjährigen Kriegsperiode vollzogen sich in Guatemala von den Jahren 1981 bis 1989. Auch hier wurde wie in Argentinien vorgegangen. Honduras und Guatemala blieben von einer Entwicklung wie in Nicaragua verschont, wie die Geschichte zeigt. Von den Guerilla-Bewegungen hielten sich lediglich in Kolumbien und Peru nennenswerte Gruppierungen.[13] Die vormals sozialistischen Guerillas liefern sich mit den vom Großgrundbesitz bezahlten Paramilitärs Gefechte. Die Tendenz zum Narko-Terrorismus nimmt hier ungeahnte Ausmaße an. Die Rauschgiftmafia nimmt wesentlichen Einfluß auf die Geschicke dieser Staaten. Der Kampf gegen den Drogenhandel war somit die Fortsetzung einer Politik der Härte unter Einsatz von Militär gegen Guerilla und die Drogenhändler. Während die USA hartes Vorgehen gegen den Drogenhandel fordert und auch materiell und durch Ausbildung von Anti-Drogen-Streitkräften unterstützt, wird in Kolumbien zur Zeit eher auf der Verhandlungsebene gestritten.[14] Präsident Andres Pastrana ist bereit, die Guerilla gesellschaftlich zu integrieren. Eine Agrarreform und Entwicklung von alternativem Anbau erscheinen hier unumgänglich, um die Möglichkeit zu bieten von den Drogen als Hauptlebensgrundlage der Guerilla wegzukommen. Solange noch derart tiefgreifende Probleme ein Land erschüttern, steht auch die Demokratie auf wackligen Füßen.

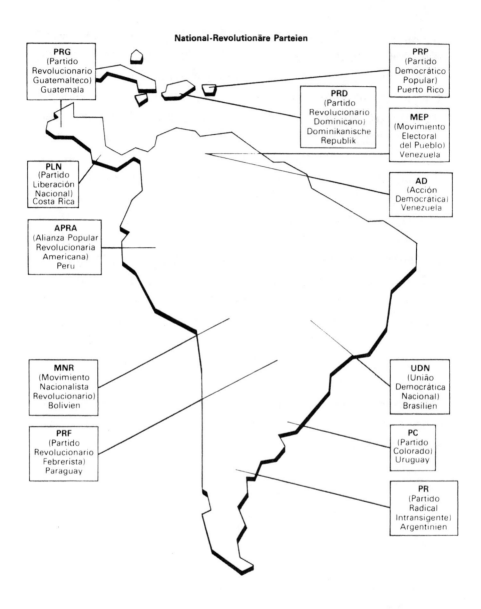

National-Revolutionäre Parteien

PRG
(Partido Revolucionario Guatemalteco)
Guatemala

PRP
(Partido Democrático Popular)
Puerto Rico

PRD
(Partido Revolucionario Dominicano)
Dominikanische Republik

MEP
(Movimiento Electoral del Pueblo)
Venezuela

PLN
(Partido Liberación Nacional)
Costa Rica

AD
(Acción Democrática)
Venezuela

APRA
(Alianza Popular Revolucionaria Americana)
Peru

MNR
(Movimiento Nacionalista Revolucionario)
Bolivien

UDN
(União Democrática Nacional)
Brasilien

PRF
(Partido Revolucionario Febrerista)
Paraguay

PC
(Partido Colorado)
Uruguay

PR
(Partido Radical Intransigente)
Argentinien

Dennoch gelang es in den achtziger- und neunziger Jahren, die Demokratie in den Staaten Lateinamerikas als die herrschende Staatsform dauerhaft zu etablieren, so dass im Jahr 2000 als einzige vorhandene lateinamerikanische Diktatur Kuba verblieben ist. Die Opfer der Kriege allerdings mahnen zum Frieden. Allein in El Salvador starben 75 000 Menschen, in Guatemala waren es etwa 200 000 Tote. - Auch heute noch wird die Demokratie zeitweise und gewaltsam außer Kraft gesetzt um bestimmte Vorstellungen durchzusetzen. So putschten am 21. Januar 2000 in Ecuador unzufriedene Militärs und Indios um zu verhindern, dass der Dollar als Währung eingeführt wird. Der Hintergrund ist also ein wirtschaftlicher. Es herrscht die Angst vor, dassder Dollar für die arme Bevölkerung zu teuer wird. Eingesetzt wurde vom Militär im Anschluß an den Putsch, ohne Einverständnis der Putschisten, statt dem gewählten Präsidenten Mahuad der bisherige Vizepräsident Gustavo Noboa. Die Einführung des Dollars konnte aber nicht verhindert werden. Die revolutionär ausgerichteten Putschisten orientierten sich an der Richtung von Hugo Chavez aus dem nördlichen Nachbarland Venezuela, sind aber in ihrem Versuch das Parlament aufzulösen gescheitert. Ihr Anführer Gutierez wurde festgenommen. Anfang der neunziger Jahre (1992) putschte Alberto Fujimori noch um die Demokratie zu retten und verhielt sich damit paradox. - Zumindest deuten diese Beispiele an, daß eine Verschiebung stattgefunden hat. Es wird nicht mehr so sehr um den generellen politischen Weg gerungen. Es geht mehr darum, ob und wie stark die Position der Eigenständigkeit vertreten werden soll. Diese Entwicklung ist bemerkenswert. Angesichts der globalen Perspektive, welche sich zunehmend auftut, bekommen hier regionale Aspekte zunehmend mehr Gewicht in Wirtschaft und Politik. Zugleich verdeutlicht die zunehmende Abstützung der verschiedenen Währungen auf den Dollar die Janusköpfigkeit der betriebenen Politik. So ist der brasilianische "real" am Dollar orientiert wie auch der argentinische Peso und der argentinische Präsident Menem scheute sich nicht in seiner Amtszeit dafür zu werben den Dollar als Währung einzuführen. Genau so ist bekannt, dass die relative Festigkeit einer südamerikanischen Währung in deutliche Talfahrten mit hoher Inflation mündet, wird die Dollarbindung aufgehoben. So führte demnach die zeitweilige Aufhebung der Dollarorientierung Anfang 1999 zu einer sehr starken (40 %) Abwertung des brasilianischen Real, was die internationale Wettbewerbsfähigkeit Brasiliens stärkte, jedoch gleichzeitig zum Handelsstreit mit Argentinien führte. Diesem ist Brasilien im MERCOSUR-Markt eng verbunden.

Nicht nur ausländische Investoren schätzen die mit einer dollarorientierten Politik verbundene Sicherheit ihrer Investitionen. Andererseits erscheinen auch Vorstellungen verständlich, die unter einer zu engen Dollarbindung eine bedrohliche Gefahr der Bevormundung zu erkennen glauben. Insbesondere drückt der Alptraum mit der Schattenwährung allzu sehr auch politisch im Schatten der Weltmacht zu stehen, die geografisch sehr nahe liegt. Es gehört mit zu dem Vermächtnis von Bill Clinton, die Entwicklung Richtung Freihandel in Südamerika nachhaltig unterstützt zu haben. Dass dabei die Bedeutung des Dollars gewachsen ist, spielt insofern eine Rolle, als dieser schon lange nicht mehr nur bei der Kapitalflucht die Hauptwährung ist. Tatsächlich gilt er schon seit Jahrzehnten als Leitwährung und verschiedene nationale Währungen sind an den Dollar gekoppelt. Diese von vielen als Abhängigkeit verstandene Orientierung stärkt vielfach Vorbehalte und Skepsis der Supermacht USA gegenüber.

Des weiteren kommt hinzu, dass es nicht nur der Ost-West-Konflikt war, der die Gräben aufriß. Dieser überlagerte lediglich den Nord-Süd-Gegensatz zwischen entwickelten und den unterentwickelten Ländern. In Lateinamerika gibt es zwar eine Anzahl sogenannter Schwellenländer, die zwar noch nicht den Stand der ersten Welt erreicht haben, aber kurz davor stehen. Es überwiegen aber die deutlich der dritten Welt zurechenbaren Staaten.

So nimmt der Nord-Süd-Gegensatz die Stelle des Ost-West-Konfliktes ein. Wenn es zum Beispiel um Schuldenerlaß geht, stehen Geber- und Nehmerländer in verschiedenen Lagern.

Europa hat nicht nur die historisch-kulturell gewachsenen engen Bindungen an den Doppelkontinent. Es gibt nämlich auch aktuell bedeutsame wirtschaftliche Bindungen, Verträge, Investitionen, und eine nicht geringe Zahl an Menschen, die immer wieder ihre Heimat dort finden. All dies verpflichtet mehr noch als die minimalen kolonialen Relikte zu einer Haltung, welche von Verantwortung und Umsicht geprägt ist. Sichtbarer Ausdruck erlangt diese Haltung durch das neue Freihandelsabkommen mit den AKP-Staaten über schrittweisen Freihandel zwischen beiden Seiten.

111

Der Nachfolgevertrag für das Lome-Abkommen, den die EU mit den einundsiebzig afrikanischen, pazifischen und karibischen Staaten am 23. Juni 2000 im afrikanischen Benin abschloß läuft bis 2020.

Allein bis 2005 sollen etwa sechsundzwanzig Milliarden DM in die AKP-Staaten fließen.[15] Der Vertrag enthält aber auch zusätzliche Vereinbarungen, die sich unter anderem auf Regelungen zu den Menschenrechten und zur Korruptionsbekämpfung beziehen. Die in Brüssel besprochene Ausgestaltung der Verträge mußte zwar vielerlei Interessen unter einen Hut bringen, gilt aber dennoch als zukunftsweisend und als Annäherung an die Bedingungen der Welthandelsorganisation WTO.

III. Europas Antwort

Im Sog der Veränderungen - Europa verstärkt die partnerschaftlichen Beziehungen zu Lateinamerika

Mit dem Blick auf eine multipolare Welt und den mittlerweile stark gewachsenen Gemeinsamkeiten, wie den Menschenrechten, Demokratie, freier Handel und Austausch der Kulturen, erging am 29. Juni 1999 die Erklärung von Rio, vom Gipfel der Staats- und Regierungschefs der EU- Iberoamerikas, sowie der Karibik.

Die fünfzehn EU-Länder und dreiunddreißig lateinamerikanischen Staaten unterzeichneten eine vierundfünfzig Punkte umfassende Erklärung, die schon im Vorfeld ausgearbeitet war. Ursprünglich hatten die Präsidenten Frankreichs und Spaniens, Chirac und Aznar die Idee eines solchen Gipfeltreffens, und in Amsterdam wurde im Juni 1997 dann der Beschluß zu diesem Gipfel bis zum Jahr 2000 gefaßt. Ein Ausschuß wurde gebildet, der mit den Staaten Lateinamerikas und der Karibik zusammentraf und auf Treffen in Wien und in Brüssel 1998 Einzelheiten und Dimensionen des Gipfels erörterte. Auch wurde von vornherein klargestellt, dass die Beziehungen der EU denen der Interamerikanischen Staaten vergleichbar sind. Aufbauend auf den regionalen Beziehungen und Verträgen (Zentralamerika, AKP, MERCOSUR, Andenpakt u.a.) geht es intensiv um Gemeinsamkeiten, nicht aber darum, diese Verträge zu ersetzen, sondern vielmehr ihre Durchführung zu erleichtern.

So hat Lateinamerika Schwierigkeiten, seine sozialen Probleme in den Griff zu bekommen, die Justiz zu stabilisieren und der Korruption Herr zu werden, der Globalisierung des Verbrechens entgegenzuwirken. Denn der Drogenhandel, Terrorismus und auch der illegale Waffenhandel verlangen nach internationalen Gegenmaßnahmen. Zwar haben auch die lateinamerikanischen

Staaten rechtzeitig die Zeichen der Zeit erkannt, ihre Projekte zur Entwicklung von Kernwaffen und Raketen abgebrochen und sind dem Nichtverbreitungsvertrag (Brasilien seit 1995 auch im MTCR) beigetreten. OSZE-Erfahrungen werden hier gerne angenommen. Aber besonders das Thema "Innere Sicherheit" interessiert, da die ungewöhnlich starke Verbreitung der small arms viel zu Destabilisierungen beiträgt.

Auch die wirtschaftliche Komponente ist zweifellos vielfältig vertreten und enthält Themen wie: Doppelbesteuerung, nationale Normen, die Zollbestimmungen, den Tourismus, Beteiligung an Privatisierungen in Lateinamerika, Urheberrechte, Patentschutz u.a. Die experimentfreudigen Märkte warten allerdings auf nachhaltige Erfolge, die so häufig durch Krisen wieder zunichte gemacht wurden. Konkrete Finanzzusagen waren allerdings nicht Thema des Gipfels.

Atomwaffenfreie Zone in Lateinamerika und der Karibik

117

Immer ist auch die Kultur Teil eines solchen Großereignisses. Hier treten Bedürfnisse zutage, die den Erhalt von kulturell wertvollen Gütern, Bibliotheken usw. betreffen. Als Zeichen der Selbstbehauptung und kulturellen Eigenständigkeit ist der Erhalt kulturellen Erbes ein gegenseitiges Anliegen. Erziehung, Bildung, Hochschulen, Gesundheit, Rolle der Frau und Armutskriminalität sind ebenfalls von Belang in diesem Kontext.

Wenn der brasilianische Präsident Cardoso die Errichtung einer multipolaren Welt anspricht, so tut er dies auch mit dem Blick auf die geplante Zollunion der EU mit dem MERCOSUR. Konkrete Verhandlungen werden für das Jahr 2001 in Aussicht gestellt. Auch ist das neue Lomé-Abkommen, welches eine weitgehende Handelsliberalisierung mit Afrika, den Karibischen Staaten und den Pazifikstaaten enthält im Jahr 2000 in Kraft getreten. Die Karibik leidet zur Zeit unter dem Konkurrenzdruck der NAFTA, wo insbesondere die Vergünstigungen für Mexiko Wirtschaftszweige kollabieren ließen. Auch die Karibikstaaten sind auf zahlreiche Handelspräferenzen angewiesen, und das nicht nur von den Europäern, da es ansonsten keinesfalls möglich ist, dem Drogenhandel wirkungsvoll entgegenzutreten. Hier droht ein Teufelskreis. Bei den FTAA (Gemeinsamer amerikanischer Markt)-Verhandlungen wurde bereits 1998 eine Consultative Group gebildet, um die Bedürfnisse kleiner Volkswirtschaften besser berücksichtigen zu können. Diese Organisation wird abwechselnd von Jamaica und Guatemala geleitet und hat einundzwanzig Staaten als Mitglieder. Die Sonderkonditionen sollen verhandelt werden um eine bessere Konkurrenzfähigkeit mit den großen Staaten ab 2005 zu gestatten.

Der Gigant Mexiko ist hier zu nennen, der einerseits als NAFTA-Mitglied Zollpräferenzen hat, andererseits aber turnusmäßig vor den Präsidentschaftswahlen, die im Jahr 2000 erfolgen, sein wirtschaftliches Tief erlebt. Auch droht der seit Jahrzehnten regierenden PRI möglicherweise sogar der Verlust der Wahlen. Nach wie vor gibt es keine rechtliche Handhabe gegen Wahlmanipulationen vorzugehen. Traditionelle Machenschaften sind Stimmenkauf und illegale Anstiftung zur Stimmabgabe. Ein hohes Risiko ergibt sich für die erst kürzlich eingeführten demokratischen Spielregeln aus einer solchen Situation, die ein erhebliches Konfliktpotential enthält. Die Frage, ob Mexiko zu einem demokratischen Wechsel überhaupt fähig ist, blieb bisher unbeantwortet.[16]

Bewiesen, dass der Wechsel gelingt, hat kürzlich erst das kleine aber dennoch wichtige Panama. Perez-Balladares hat keine "Verfassungsreform" gemacht. Per Volksentscheid wurde sie ihm 1998 untersagt. Vielmehr gewann das erste Mal in der Geschichte Panamas eine Frau die Wahlen im entscheidenden Jahr 1999, wo der Panama-Kanal an das Land von den USA zurückgegeben wurde. Mireya Moscoso gewann mit klarem Vorsprung von sieben Prozent vor dem Gegenkandidat. Sie lehnt sowohl den weiteren Verbleib amerikanischer Truppen als auch eine multilaterale Drogeneingreiftruppe ab.

In El Salvador, dem durch den Hurrican Mitch geschädigten Land, behauptete sich die ARENA-Partei aufs Neue, allerdings mit dem jungen (39 J.) Kandidaten Francisco Flores, der von seinem Vorgänger und Parteifreund Armando Calderon-Sol viel

Unterstützung erhielt. ARENA hatte sich bisher besonders in der Bewältigung interner Konflikte bewährt, die das lange durch Guerillakrieg gebeutelte Land auf die Probe stellten.[17] Sogar die Guerilla hat sich inzwischen als Partei organisiert und etabliert. Dieser bereits in einigen anderen lateinamerikanischen Ländern beobachtete Vorgang, kann durchaus als eine vorbildhafte Konfliktlösung bezeichnet werden. In El Salvador untersagt die Verfassung die Wiederwahl ins Präsidentenamt. Freude kam bei Kubas Fidel Castro gleich in zweifacher Hinsicht auf. Zum einen war er in Rio de Janeiro auch mit dabei und zum anderen hat in Venezuela sein Freund Hugo Chavez Anfang 1999 die Präsidentschaftswahlen gewonnen. Kaum hat Chavez die Macht übernommen, will er schon die Verfassung ändern, um seine Wiederwahl zu sichern. Der geläuterte Putschist, der 1992 noch mit der Waffe die Macht erreichen wollte, wird von seinen Anhängern als Hoffnungsträger gesehen, in einem zunehmend verarmenden Land. Seine Gegner allerdings fürchten eine sozialistische Diktatur. Chavez Handhabung seiner "friedlichen Revolution gegen Korruption und Armut" wird erweisen, ob er die demokratischen Spielregeln außer Kraft setzt, wie zur Zeit wohl Paraguay, wo der vom Volk gewählte Präsident Raul Cubas Grau wegen eines Skandals zurücktreten mußte. Der vorzeitige Rücktritt gibt wenig Anlaß zur Kritik. Dass aber der nachfolgende neue Präsident Luis Angel Gonzalez Macci nun nach der Entscheidung des Obersten Gerichts ohne Neuwahlen bis zum Jahr 2003 regieren darf, kann diesseits des Atlantiks nur Erstaunen auslösen. Wo bleibt da wohl die demokratische Legitimation?

Wirtschaftlich betrachtet sind Neuwahlen oft negativ, wie dies in Mexiko, aber auch in Argentinien sichtbar wird, wo sich der Liberale Fernando de la Rua in den Präsidentschaftswahlen durchgesetzt hat. Auch hier hat eine tiefe Rezession vor den Wahlen die Produktionsziffern in den Keller fallen lassen. Die Schuld für eine solche wirtschaftliche Misere wird aber beim Protektionismus gesucht, für den sich die Wirtschaftspolitiker Argentiniens und Brasiliens gegenseitig verantwortlich machen. Aussichten auf Besserung der wirtschaftlichen Situation knüpfen sich insbesondere an eine Intensivierung der Beziehungen zum EG-Markt. Dies stellte die sechste Lateinamerikakonferenz der deutschen Wirtschaft in Porto-Allegre Anfang November 1999 fest und empfahl eine Freihandelszone zwischen der EU, dem MERCOSUR, Chile sowie mit Mexiko. Auf die Bedeutung deutscher Investitionen in diesem zukunftsträchtigen Markt wies der Vorsitzende Hans Peter Stihl hin. Aber inwieweit diese Vorstellungen auf Resonanz bei den südamerikanischen Staaten treffen, erwies der Iberoamerika-Gipfel vom 14. und 15. November 1999. Ausgerechnet Havanna war Tagungsort dieses Ereignisses und Fidel Castro beeilte sich unliebsame Kritiker rechtzeitig zu arrestieren. Die Dissidenten zu isolieren gelang ihm naturgemäß nicht. Zu vielfältig sind die Kontaktmöglichkeiten am Rande einer derartigen Großveranstaltung. Die Kubaner leiden nach wie vor unter der Castristischen Mangelwirtschaft mit wenig Aussicht auf eine Besserung. Die sehr geringe Steigerung der Zuckerproduktion und wachsender Tourismus reichen nicht aus. Außer den lateinamerikanischen Staaten nahmen auch die Länder Spanien und Portugal teil, wodurch Europa mit am Tisch saß. Der Protektionismus als reale Ursache des wirtschaftlichen Niedergangs war schnell erkannt.

Auch dieser Problematik soll durch zunehmende Öffnung der Märkte und Errichtung von Freihandelsorganisationen die Spitze genommen werden. Man sollte aber nicht mit zu kurzfristigen Erfolgen rechnen, sondern immer auch extra die jeweilige landesspezifische Situation berücksichtigen.

Kuba ist ein Sonderfall

Kuba, der ewige Unruheherd in der Karibik macht auch in letzter Zeit immer wieder von sich reden. Gute Sportler und eine gute medizinische Versorgung sollen die Bewohner der Insel über das hinwegtrösten, was in den Nachbarländern auch sehr verbreitet ist: bittere Armut. Dabei hatte die Staatsführung, als sie noch Revolutionäre waren, gerade diese Armut beseitigen wollen. Heute richten Funktionäre Konferenzen aus, wie jüngst am 15. November 1999 in Havanna den Iberoamerikanischen Gipfel und lassen sich feiern, obwohl die Lage ernst ist. Das ist sie nun schon mehr als vierzig Jahre.

Als im Jahre 1959 die Revolution in Kuba unter der Leitung des "maximo lider" Fidel Castro das äußerst korrupte Batista Regime hinwegfegte, und ein kommunistisches System installiert wurde, hielten viele dies für den Anfang eines Umschwungs in Lateinamerika. - In der Tat hielt die karibische Zuckerinsel zwischen den Amerikas eine Reihe brisanter Überraschungen bereit, die Umstürze verursachten, Bürgerkriege anheizten und die Welt in der besonders spektakulären Raketenkrise von 1962 an den Rand des atomaren Abgrundes führten. Stellvertretend seien hier die Unterstützungen von Guerillabewegungen durch Ernesto Che Guevara Serna genannt. Später (ab 1975) setzte Castro die mit sowjetischer Hilfe ausgebaute kubanische Armee in Afrika zur militärischen Unterstützung vieler kommunistischer Befreiungsbewegungen und Regierungen ein, was langwierige Bürgerkriege in Angola und Äthiopien zur Folge hatte.

Einige zum großen Teil erstaunliche Fakten seien zu diesem von sowjetischen Wirtschaftshilfen weitgehend abhängigen Land noch genannt: Als sich 1989 die Revolution zum dreißigsten Mal jährte, hatte Fidel Castro als Staats- und Parteichef sowie als Oberbefehlshaber der Streitkräfte bereits die Amtszeit von acht Präsidenten der Vereinigten Staaten von Amerika überdauert. Dies gelang trotz schwerer wirtschaftlicher Krisen und gegen die ablehnende Haltung der USA. Stützen konnte sich das Regime auf eine Wehrpflichtarmee von 227 000 Mann Gesamtstärke und paramilitärische Kräfte von 113 000 Mann, also eine insgesamt recht umfangreiche Streitkraft, wenn man sie in Relation zur Gesamtbevölkerung von rund zehneinhalb Millionen Einwohnern setzt. Insbesondere die sozial und gesellschaftspolitische vorhandene Experimentierfreudigkeit der Commandantes sorgte innenpolitisch häufig für harte Rückschläge und Krisen, die letztenendes das Bild Kubas noch heute prägen. So wurden in der Zeit des nachrevolutionären Kuba die Institutionen und Mechanismen der Wirtschaft wiederholt radikal geändert und den folgenden drei Grundmodellen angepaßt:

Das klassische sowjetische Planungssystem, dessen Grundlagen bereits in den dreißiger Jahren zu der Zeit der stalinistischen Sowjetunion praktiziert wurden, dauerte von 1959 bis 1965. Danach ging die Regierung zu einem kriegskommunistischen Mobilisierungsregime über, welches auch Ähnlichkeiten mit der chinesischen Wirtschaft während der Kulturrevolution aufwies, dem allerdings nur fünf Jahre Lebensdauer beschieden war (bis 1970). Endlich kam man auch wieder auf den Nachbau des sowjetischen Modells zurück, an dem jedoch pragmatische Veränderungen vorgenommen wurden.

Die Konsequenzen der jeweiligen Experimente lassen sich im wesentlichen kurz darstellen. In der ersten Phase von 1959 bis 1965 ging die für das ausgesprochen schwach industrialisierte Kuba lebenswichtige Agrarproduktion von 100 auf 76,8 Prozentpunkte zurück. - Der mit der zweiten Phase zwischen 1959-1970 schwerpunktmäßig verbundene Zuckerplan, der insbesondere Kubas Exporterlöse sichern sollte und eine doch erhebliche Produktionssteigerung von 6 Mio. auf 10 Mio. Tonnen verlang te, wurde nicht nur um 15 Prozent verfehlt, vielmehr wiesen bedenklicherweise eine erhebliche Anzahl von Industrie- und Agrarerzeugnisse einen katastrophalen Rückgang auf, so dass der 1970 schon erfolgende ordnungspolitische Kurswechsel nahezu zwangsläufig erfolgte. Fidel Castro ging in seiner harten Selbstkritik nach diesem ökonomischen Reinfall sogar soweit, Irrtümer und Wunschdenken auf seiner Seite einzuräumen und seinen Rücktritt anzubieten.

Die Institutionalisierung der kubanischen Revolution speziell nach sowjetischem Vorbild folgte zu Beginn der siebziger Jahre, und von 1974 an wurde der erste Fünfjahresplan für 1976-1980 ausgearbeitet. Eine Verringerung der Investitionen auf dem Zuckersektor kam den Bemühungen um weitere Industrialisierung zugute. Dennoch kam auch hier bereits 1986 die Ernüchterung. Castro gestand ein, dass es ein Fehler gewesen sei, blind auf die besonderen Mechanismen des neuen Plansystems zu vertrauen. Die Erziehung des Menschen wollte er nun in den Mittelpunkt rücken, bei seiner neuen großen Gegenoffensive gegen die "Neokapitalisten". Deutlicher ließ sich das Scheitern des Regimes gar nicht darstellen: da wo das Regime versagte hatte also die

"Erziehung" versagt. Mit seiner deutlichen Wendung gegen den "Neokapitalismus" ließ er 1986 zugleich die freien Bauernmärkte mit Lebensmitteln wenigstens etwas abwechslungsreicher und reichhaltiger gestalten. Es war die Auseinandersetzung zwischen zwei Gruppen, den "Moralisten" um Castro und den Pragmatikern um Carlos Rafael Rodriguez, in der der Maximo Lider die Oberhand behielt. So läßt auch der Fünfjahresplan von 1986 bis 1990 erkennen, dass eine Rückkehr zu den Denkmustern der sechziger Jahre erfolgte, dem die Zentrale Planungskommission Rechnung trug. Jede private Wirtschaftätigkeit, auch von Handwerkern, Ärzten, Architekten u. a. sollte abgewürgt werden.

Es ist aber nicht nur die alte Planwirtschaft, die bei immer komplizierter werdenden Wirtschaftsvorgängen mit der Planung versagt und im innenpolitischen Bereich demotivierend wirkt. Auch wegen des hohen Anteils, mit dem besonders Kuba vom internationalen Markt abhängig ist, ergeben sich zunehmend Probleme. Die Weltmarktpreise entziehen sich ja völlig der Beherrschbarkeit durch Planung, die ja auf Vorhersehbarkeit angewiesen ist. Weltmarktpreise und Importbeschränkungen von Abnehmerländern sowie zukünftigen Lieferanten lassen sich wenig beherrschen. Da verwundert kaum, daß sich Kuba von den langjährigen Stützen der eigenen Wirtschaft verlassen fühlt, wie der Präsident der kubanischen Handelskammer Julio Carcia Oliveras feststellte.

Eine der Konsequenzen aus dem Dilemma der abbröckelnden Handelsbeziehungen zu den ehemaligen sozialistischen Staaten ist der Versuch der Commandantes, engere Verbindungen mit den kapitalistischen Nachbarn in der Karibik zu knüpfen. So wurden 1990 wieder diplomatische Beziehungen zu Jamaica aufgenommen und eine Tourismusdelegation aus den Bahamas empfangen. Auch die nach der Intervention der Vereinigten Staaten neu installierte Regierung auf Grenada von Prime Minister Nicholas Brath erfuhr kubanische Anerkennung. All das vor dem Hintergrund, dass noch in der ersten Hälfte der achtziger Jahre kubanische Soldaten den grenadischen Flughafen ausbauen halfen und ein kommunistisches Regime unterstützten mit Bürgerkrieg und Aufruhr in dem kleinen Staat. Heute interessiert sich Kuba vehement für Kooperationsmöglichkeiten innerhalb des CARICOM-Paktes (Caribbean Common Market) insbesondere im Bereich Wissenschaft, Medizin und Tourismus. Der Linienverkehr zwischen Kuba und seinen karibischen Nachbarn erfolgt auf dem Luftwege regelmäßig durch die CUBANA Linie nach Guayana, Jamaica, Barbados und Santo Domingo.

Seit der mit Castro schon seit den siebziger Jahren befreundete Michael Manley auf Jamaica die Macht erneut in die Hand bekam, waren die Beziehungen dieser beiden Staaten wieder betont herzlich, wenn auch Jamaicas Tourismus noch Vorbehalte gegen aufkeimende kubanische Konkurrenz hegte.

Wenn man die wirtschaftlichen Integrationsbemühungen Kubas und die positive Haltung Castros zu den Friedensbemühungen in Mittelamerika in Rechnung stellt, andererseits aber seine starre Haltung schon gegenüber dem sowjetischen Perestroika - Gedanken und dann den internen Realismus-Vorstellungen gegenüber deutlich wird, kommen Zweifel. So kommt die Frage auf, ob Kuba seine Wirtschaft trotz des herrschenden Systems wird sanieren können. Immerhin befindet sich Castros Kuba trotz seiner geographischen Nähe zu den USA inmitten einer historisch gewachsenen Armutszone, welche von vielen als gefährliche "Zeitbombe" gedeutet wird. Soziale Konflikte gab es in dieser Region schon lange Zeit bevor sich Fidel Castro-Ruz auf der Zuckerinsel etablierte. Der Ost-West-Konflikt war hier nur ein zusätzlicher Beweggrund, der jetzt entfällt. Trotz schlechter Wirtschaftslage erfreut sich der "Maximo Lider" immer noch der Zustimmung großer Teile der Bevölkerung.

Dennoch kann Castro, die charismatische Führerfigur, mit der aber nicht unbedingt das ganze Regime fallen muß, nicht als unverwundbar gelten. Als im Sommer 1989 Kokainfunde Spuren bis ins Zentrum der Macht offenlegten, dachten schon viele an das Ende einer Ära. Nicht nur der in Angola erprobte "Held der Republik" General Ochoa wurde hingerichtet, sondern auch der dreißig Jahre für die persönliche Sicherheit Fidel Castros verantwortliche General Josè Abrantes mußte sein Leben lassen. Eine große Zahl führender Militärs wurde daraufhin in den Ruhestand versetzt.

Sein angekratztes internationales Image konnte Kuba durch seine Rolle als Veranstalter der Panamerikanischen Spiele 1991 aufpolieren. Annähernd fünftausend Sportler aus zahlreichen amerikanischen Nationen (auch der Vereinigten Staaten) lieferten sich Wettkämpfe.

Als während des Besuches von Michail Gorbatschow in Havanna vom 2. bis 5. April 1989 die gemeinsame Überzeugung formuliert wurde, dass jedes sozialistische Land das Recht auf seine eigene Politik habe, sicherte sich Castro noch einmal die Unterstützung seines wichtigsten Verbündeten. Freilich war die Einstellung des Revolutionsexports wichtige Maßgabe. Wenn also Fidel Castro seine Losung "Tod oder Sozialismus" auch weiterhin verbreitet, so kann sie nur innenpolitisch gemeint sein. Castro zeigt damit letztlich eine Art von Flexibilität, die ihm und seinem System seit Jahrzehnten das Überleben erleichtert und wandelt sich gleichzeitig außenpolitisch vom Saulus zum Paulus. Diese Wandlung macht ihn zunächst einmal für seine Umgebung ungefährlich. Dennoch ist eine endgültige Befriedung der Region erst dann anhaltend möglich, wenn ihre Grundursache, die Armut beseitigt ist. Spätestens dann hat wohl auch ein derartig gestaltetes, anachronistisches System keine Resonanz mehr bei der Bevölkerung.

In den neunziger Jahren jedenfalls durchlief das Land eine neuere Wirtschaftskrise, die auch die Führung zum Nachdenken zwang. Die Veröffentlichung von Wirtschaftsdaten sind nur ein Ergebnis der fortgeschrittenen Überlegungen und vorhandene Steigerungsraten auf dem Gebiet des Tourismus ist auch ein akzeptabler Gesichtspunkt. Die große Zahl von Flüchtlingen bewiesen den wachsenden Unmut im Lande. Da hilft es wenig, wenn Castro sich mit dem katholischen Oberhirten in Szene setzt. Viel mehr als eine versöhnliche Geste ist dem 1998 erfolgten Besuch Johannes Paul II. nicht abzuringen.[18]

Ihre eigene Vorstellung von der Ablösung des Castro Regimes haben Exilgruppen kubanischer Nationalität im Südwesten von Miami. Von ihrer sicheren Basis im Süden der USA führen sie Sabotage- und Kommandounternehmen auf kubanischem Boden durch und trainieren unter hohem Kostenaufwand den Ernstfall einer Invasion. Die wenige tausend Mann starke Alpha 66 stellt zwar faktisch keine besondere Bedrohung für die sehr gut ausgerüstete weitaus überlegene kubanische Armee dar, würde aber viele Exil-Kubaner einbeziehen.

Aufhorchen lassen Bestrebungen beim einstigen Todfeind, den Vereinigten Staaten. Auch hier soll der Boykott verursacht durch das Helms/Burton-Gesetz nicht mehr allseits akzeptiert werden. International war er sowieso nie wasserdicht. Die wirtschaftlichen Möglichkeiten der karibischen Zuckerinsel bleiben jedoch äußerst begrenzt.[19]

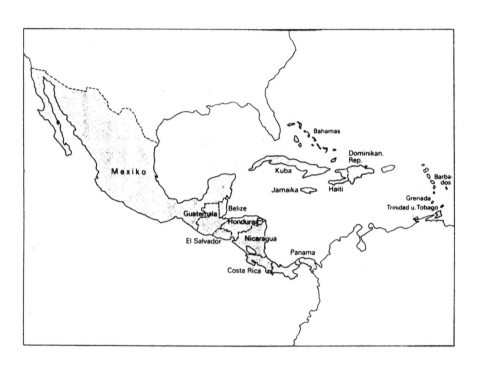

Sonderfall Guatemala?

Problembeladenes Guatemala

Um ein Beispiel für den Verlauf der Geschichte in einem lateinamerikanischen Land zu bekommen braucht man sich nur Guatemala vergegenwärtigen. Es wird zugleich ersichtlich, warum sich die USA heute noch schwer tun im bilateralen Verhältnis zu zahlreichen Staaten auf der südlichen Hälfte des Doppelkontinentes.

Guatemala liegt auf altem, geschichtsträchtigen Boden auf der mittelamerikanischen Landbrücke zwischen Mexiko im Norden und Honduras sowie El Salvador im Süden. Bereits im dritten, vorchristlichen Jahrhundert war das Land besiedelt und als die Spanier im Jahr 1524 ihre Eroberung durchführten trafen sie auf das seit langem bestehende Maya-Reich. Imposante, heute noch bestehende gewaltige Tempelanlagen zeugen von vergangenen Hochkulturen. Die Maya wurden unter der spanischen Herrschaft stark dezimiert und ihr Land zum Generalkapitanat erklärt. Schon 1821 proklamierte Guatemala seine Unabhängigkeit; ein Jahr später folgte sein Anschluß an Mexiko. Die sehr interessante Entwicklung folgte 1823, als sich die zentralamerikanischen Staaten von Mexiko lösen und sich zur zentralamerikanischen Konföderation zusammenschließen. Aus dieser Konföderation tritt Guatemala 1839 aus und wird selbständig. Seitdem ist seine Geschichte gekennzeichnet durch eine rasche Aufeinanderfolge von Diktaturen und Putschen.

Schon die Kolonialmacht Spanien verbot Handelsbeziehungen zwischen den verschiedenen Verwaltungseinheiten ihres großen Kolonialreiches, um insbesondere den Handel mit dem Mutterland zu intensivieren. Diese Politik wurde von den USA

weitergeführt und bis in die Mitte des zwanzigsten Jahrhunderts
beibehalten.

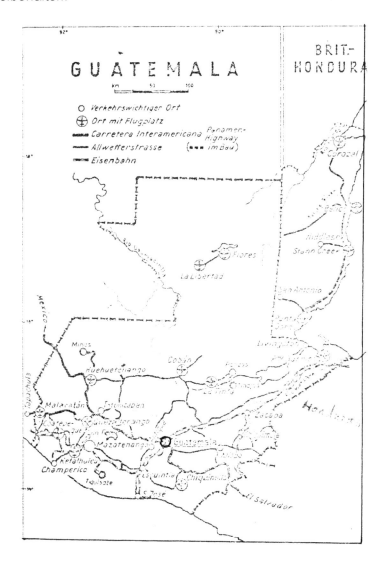

Betrachtet man die Entwicklung Guatemalas ausgehend von der Situation des Zweiten Weltkrieges, so war auch hier der Umsturz 1944 wegweisend. Studenten und Arbeiter, von weiten Kreisen der Bevölkerung unterstützt, erstürmten die Stellungen des Militärs und beendeten die Diktatur der vierzehn Jahre unter Staatschef Ubico-Castaneda. Nach dessen Sturz folgte eine Revolutionsperiode in der die gesetzlichen Fundamente für eine Veränderung der gesamten Agrarstruktur gelegt wurden. Mit der Ausarbeitung einer Verfassung, die 1945 in Kraft trat, wirkte man der Latifundienbildung entgegen und ergriff konkrete Maßnahmen den Großgrundbesitz deutlich zu reduzieren. Die anstehende Gesetzesbildung verzögerte sich und als die Agrarreform endlich 1952 beschlossen und gesetzgeberisch umgesetzt war, sah sie im Dekret 900 nur noch die Enteignung ungenutzten Eigentums zulasten des Latifundismus vor, während bestehendes Klein- und Mitteleigentum unangetastet blieb. In den Jahren 1953 und 54 wurden daraufhin 1284 Güter oder 16,3 Prozent der Anbaufläche enteignet und etwa einhunderttausend Familien zum Nutznießer der Reform. Etwa 14 Prozent des enteigneten Landes gehörten der United Fruit Company, einer US-amerikanischen Firma. Diese Distanzierung von den Vereinigten Staaten und der Versuch im Ausland Waffen zu kaufen, hatte eine von der CIA geförderte Invasion und den Sturz der Regierung Guzman zur Folge. Der Exilpolitiker Castillo-Armas ergriff 1954 die Macht und schließt mit den Vereinigten Staaten ein Militärhilfeabkommen, erstattet der United Fruit einen Teil ihres Landes zurück und räumt internationalen Kartellen große Erdölkonzessionen ein.

Die Reformer der Jahre 1944-1954 gründeten später eine Partei, die PR oder Partido Revolucionario und verfochten ihre Ideen auf legalem Wege weiter.

Völlig konnte Castillo-Armas die erfolgte Bodenreform jedoch nicht rückgängig machen, wie sich aus der Entscheidung des obersten guatemaltekischen Gerichtshofes ergibt, der einen Antrag von dreißig Rechtsanwälten, das Dekret 900 für verfassungswidrig zu erklären, ablehnte. Ein neues Agrarstatut wird anstelle des alten gesetzt. Castillo-Armas fällt einem Attentat zum Opfer und wird durch General Fuentes 1957 ersetzt.

Dieser überläßt den USA Militärstützpunkte und gibt Garantien für nordamerikanische Investitionen. Als er jedoch in Distanz zum großen Nachbarn geht fällt sein Regime 1963 einer Armeerevolte zum Opfer. Die Wurzeln der Guerilla liegen aber schon tiefer. Bereits im Jahre 1960 entwickelt sich aus einem Offiziersaufstand die Bewegung elfter November unter Marco Antonio Yon Sosa. Weitere Guerillabewegungen entstehen in der Folge mit kubanischer Unterstützung. Als Beispiel sei die FAR, die Fuerza Armada Rebeldes genannt.

Die Armee griff zu radikalen Gegenmaßnahmen. Ende der sechziger Jahre wird die Guerillaorganisation unter der Herrschaft von Mendez-Montenegro vernichtet. Die Leitung hatte Arana Osorio, beraten von US-Amerikanischen Experten. Arana Osorio wird 1970 Nachfolger im Präsidentenamt, das er bis 1974 innehat.

Die Vergeltung durch Guerillakräfte wird auch in Deutschland publik, als sie den deutschen Botschafter Karl Graf Spreti entführen und ermorden. Unmittelbar danach werden von April 1970 bis Oktober 1971 die diplomatischen Beziehungen zu Guatemala bis auf weiteres suspendiert. In einem gnadenlosen Feldzug zerschlägt Arana Osorio anschließend die restlichen Guerillagruppierungen.

Im Jahr 1974 gelangt General Kjell Eugenio Laugerud Garcia in einer Form an die Macht, wie sie schon früher z.B. in den fünfziger Jahren praktiziert wurde: durch Wahlfälschung. Der eigentliche Sieger General Rios Montt hatte zwar die Wahlen, aber nicht die Stimmauszählung gewonnen. Dies motivierte ihn zu Beginn der achtziger Jahre einen Putsch durchzuführen. Die Bewährungsprobe für Laugerud Garcia, an der er dann kläglich scheiterte, war das Erdbeben 1976. Mit fünfundzwanzigtausend Toten und sechsundsiebzigtausend Verletzten forderte es einen hohen Blutzoll. Eine Million Menschen wurden obdachlos. Anstatt nun die internationalen Spenden an Hilfsbedürftige weiterzuleiten, verkaufte die Armee einen großen Teil der Lieferungen schwarz. Dieses Verhalten gab danach der Guerilla Auftrieb, die EGP-Guerillaarmee der Armen formierte sich und führte Aktionen durch.

Den durch Putsch abgelösten Laugerud Garcia ersetzte Ephraim Rios Montt, der seinerseits durch Oscar Mejia Victores 1983 aus dem Amt geputscht wurde. Die Guerilla beschoß den Wohnsitz des Generals mit Granatwerfern, hatte mit dem im Januar 1984 durchgeführten Attentat aber keinen Erfolg. Damit hatte die Serie von erfolgreichen Putschen ein Ende. Vinicio Cereso gewinnt die Wahlen 1986 auf legalem Weg und auch Cerrano Elias kann sich in den Wahlen 1991 legal durchsetzen. In die Zeit zwischen 1980 und 1990 fallen die opferreichsten Auseinandersetzungen mit der Guerilla, bei denen am Ende etwa zweihunderttausend Tote und eine nicht näher bezeichnete Liste an Verwundeten bilanziert wird. Die Einflüsse des Ost-West-Konfliktes machen sich in ihrer Endphase noch einmal verheerend bemerkbar, bevor mit Gorbatschow das Ende kommt. Dennoch dauert es einige Jahre, bis ein Frieden zwischen einer Guerilla, die nie wirklich tiefgreifende Unterstützung in der Bevölkerung hatte und der Regierung geschlossen werden konnte. Zunächst einmal geriet Cerrano Elias in Not und ein gegen ihn durchgeführter Staatsstreich mißglückt 1993. Dennoch wird Ramon de Leon Carpio Präsident, der seinerseits wiederum durch Alvaro Arzu Irigoyen 1996 legal abgelöst wird. Nach dem Friedensbeschluß mit der Guerilla vom 29.12.1996 bringen die neunziger Jahre die Hoffnung auf Besserung der Verhältnisse. Die Regierung beschließt die Vergangenheit aufzuarbeiten und eine durch hochrangige und sehr angesehene Persönlichkeiten besetzte wichtige Wahrheitskommission unter dem Vorsitz des Berliner Völkerrechtsprofessors Christian Tomuschat ins Amt berufen. Wie sehr diese Aufarbeitung Emotionen freisetzt zeigt sich, als am 26.4.1998 Bischof Juan Gerardi erschlagen wird, zwei Tage nach der erfolgten Präsentation des Wahrheitsberichts des Menschenrechtsbüros vom Erzbistum Guatemala Stadt über Menschenrechtsverletzungen während des Bürgerkriegs. Die Zeit der Morde ist ungeachtet der Aufklärungsarbeiten immer noch nicht vorbei. Das zeigen auch neueste Schlagzeilen über

Attentate auf Politiker. Zwar ist auch die Verkleinerung der Armee abgeschlossen und hochrangige Offiziere müssen sich gerichtlich der Verantwortung stellen. Zunehmend beeinträchtigt Lynchjustiz seitdem das Zusammenleben.

In den achtziger Jahren erlebte der Guerilla-Kampf in Guatemala seinen Höhepunkt.[20] Deutlich wurden negative Auswirkungen insbesondere im Zusammenhang mit dem Friedensnobelpreis.

Veränderungen in Guatemala

Mit dem zwischen der Guerilla und der Regierung geschlossenen Frieden vom Dezember 1997 trat das Land in eine neue Phase ein. Die notwendige Aufarbeitung jahrzehntelanger Verfolgung und gegenseitigen Mordens. Dies gilt ungeachtet der Tatsache, dass immer noch getötet wird. In den Jahren 1998/99 und 2000 gab es zahlreiche Fälle der Lynchjustiz. Prominente Fälle sind u.a. Bischof Gerardi Condera (April 98) und Roberto Gonzalez (Mai 99) von der Frente Democratico Nuevo (eine linke Partei). Beachtlich ist allerdings, dass der Prozeß der Aufarbeitung Fortschritte macht und bereits zu Verurteilungen geführt hat. Wie schwierig dies zum Teil ist, zeigen Parallelen in Argentinien, wo wegen Verbrechen im "Schmutzigen Krieg" eine Reihe von Urteilen ergingen.

Der mit wenigen Ausnahmen alljährlich verliehene Nobelpreis für Völkerfrieden stellt nach dem Vermächtnis von Alfred Nobel einen hohen Anspruch an seinen Träger. Es soll derjenige geehrt werden, der im verflossenen Jahr der Menschheit den größten Nutzen geleistet hat. Träger sind häufig politische Größen, wie 1971 Altbundeskanzler Willy Brandt, Henry Kissinger oder auch einmal zwei Personen wie Menachem Begin und Anwar es Sadat (1978) oder aber eine Institution, wie das Internationale Rote Kreuz (1944). Am 10. Dezember 1992 wurde eine Persönlichkeit geehrt, die unter extremem Einsatz des eigenen Lebens die Menschenrechte in ihrem Land seit Jahren verteidigt: Rigoberta Menchu Tum.

Nach offizieller Auskunft des Nobelkomitees in Oslo wurde die Dreiunddreißigjährige für diesen Einsatz zugunsten der Rechte der Ureinwohner geehrt, als lebendiges Symbol für Frieden und Versöhnung über gesellschaftliche, kulturelle und ethnische Grenzen hinweg in ihrem eigenen Land, auf dem amerikanischen Kontinent und in der Welt. Tragisch ist die Lebensgeschichte der jungen Frau. Rigoberta Menchu Tum, Nachfahrin der Maya-Quiche-Ureinwohner Guatemalas wuchs in der Provinz Quiche im Nordwesten des Landes auf, als Kind armer Bauern. Zu einer Zeit, als die Guerillakämpfe im Lande sowie in vielen weiteren Ländern Lateinamerikas einen Höhepunkt erreicht hatten, Anfang der achtziger Jahre, als ganze Dörfer von der Guerilla erobert wurden und bei der Rückeroberung durch die Armee erneut verwüstet, Kollaborateure gefoltert und auf übelste Weise getötet wurden, traf es auch die Familie der Nobelpreisträgerin. Den Vater verbrannten brutale Sicherheitskräfte zusammen mit achtunddreißig Besetzern der spanischen Botschaft. Auch ihr Bruder starb keines natürlichen Todes: er wurde hingerichtet. Nach einer Entführung und Folterung fand man die Leiche ihrer ermordeten Mutter. Die tapfere Frau vertrat daraufhin die guatemaltekische Opposition aus dem mexikanischen Exil - sie emigrierte angesichts der Verfolgung nach Mexiko - vor der UNO-Menschenrechtskommisson.

Nicht nur die Nobelpreisträgerin, sondern auch ihre Heimat Guatemala steht stellvertretend für den harten Existenzkampf dem die ethnisch Unterprivilegierten in einem Entwicklungsland ausgesetzt sein können. Dabei ist Guatemala das Land Mittelamerikas, in dem sich viele Probleme besonders deutlich konzentrieren. Von den neun Millionen Einwohnern dieses hauptsächlich landwirtschaftlich geprägten Landes sind über 45%

Indianer, meist Maya-Quiche, wie die Nobelpreisträgerin, mehr als 40% Mestizen und nur etwa 5% Weiße, die überwiegend in den Städten leben. Fast die Hälfte der Bevölkerung besteht aus Analphabeten und neben der spanischen Amtssprache existieren noch 23 indianische Dialekte.

Äußerst ungleich ist die Verteilung des Besitzstandes im wichtigen Bereich der Landwirtschaft. Zwei Prozent der Fincas besitzen 65% des bebaubaren Bodens, während sich 90% der Landbesitzer 20% des bebaubaren Bodens teilen müssen. Diese Minifundisten, welche im Durchschnitt 1 ha Land bewirtschaften, auf das sie meist keinen rechtlichen Anspruch haben, stellen das Gros der Saisonarbeiter im Bereich der Zuckerrohr- und Kaffeeplantagen. Die Indios stellen 99% dieser Minifundisten. Extreme soziale Gegensätze und viel Armut und Elend sind aber nicht nur eine Folge derartiger Besitzverhältnisse. Auch der zermürbende jahrzehntelange Bürgerkrieg, zusätzlich angeheizt durch die im Fahrwasser des Ost-West-Gegensatzes erfolgte Indokrinierung und die erfolgten Waffenlieferungen schwächten das Land. Naturkatastrophen, wie das verheerende Erdbeben 1976 mit über 25000 Toten und rund 76000 Verletzten taten ein übriges. Äußerst deprimierend für die in der Mehrzahl betroffene indianische Bevölkerung, deren mit Lehmziegeln gedeckte Hütten zusammengebrochen waren stellte sich heraus, dass die herbeigeschaffte internationale Hilfe, Lebensmittel, Zelte u.a. schwarz verkauft worden war. Wen wundert es, dass die Guerillabewegung Guatemalas, die zwischen 1962 und 1969 eine der stärksten auf dem Kontinent war, Anfang der siebziger Jahre völlig zerschlagen worden war, wieder aufflammte und dann fortwirkte, über das Ende des kalten Krieges hinaus.

Gegen die Guerilla kämpft die Armee, in der wieder die Indios einen beachtlichen Teil ausmachen, oft gegen ihren Willen. Dabei sind die Rekrutierungsmaßnahmen anachronistisch. Es gibt in Guatemala eine äußerst fragwürdige Institution, was das Verhältnis von Militär gegenüber Zivilisten anbelangt, den Militärbeauftragten. Jede noch so kleine Gemeinde verfügt über einen solchen Vertreter der Armee, dessen Aufgabe die Aushebung von Rekruten ist. Bei diesem Vorgang werden Methoden angewendet, die an das Europa vor der Militärreform Friedrichs des Großen erinnern: die Zwangsrekrutierung. An besonderen Tagen, insbesondere Festtagen, an denen viele Jugendliche zusammenkommen wird auf diese eine wahre Jagd veranstaltet. Die so "ausgehobenen" Jugendlichen werden in die Kaserne gebracht und verbleiben dort als Soldaten. Aus in dieser Form rekrutierten Indianern wurden Kampfeinheiten gegen die Guerilla zusammengestellt. Scheidet ein solcher aus der Armee aus bleibt ihm, da es in seinem ehemaligen Heimatdorf kaum genug für die Daheimgebliebenen zur Ernährung gibt, nur der Weg in die Elendsviertel der Städte oder aber und dies scheint auf den ersten Blick paradox, der Weg in die Guerilla. Hier werden verhängnisvolle Teufelskreise offenbar. Die Landguerilla EGP (Guerillaarmee der Armen), die in der Bevölkerung über keinen besonders großen Rückhalt verfügte, konnte sich über Nachwuchsmangel auch zu Beginn der neunziger Jahre nicht beklagen.

Der UN-Menschenrechtsexperte für Guatemala Hector Gros Espiell, ein Kenner der Situation in diesen Jahren weist in einem Situationsbericht darauf hin, daß die Indiobevölkerung traditionell diskriminiert wurde und ohne wirkliche Teilnahme am Leben des Landes am Rande der Gesellschaft lebt. Die mangelhafte Erziehungs- und Wohnraumsituation, geringe Lebenserwartung bezeichnet er als Facetten desselben Problems, der faktischen Ungleichheit, in der sich auch die Indiobevölkerung Guatemalas befindet, ähnlich anderer ethnischer Bevölkerungsgruppen in ganz Lateinamerika. Dem stimmt auch die guatemaltekische Bischofskonferenz zu, die kostatiert, dass die Bauern zunehmend ein größeres Bewußtsein ihrer Rechte und eigenen Würde entwickeln trotz der brutalen Repression, der sie unterliegen. Nach Gros Espiell sind es die vielen Morde und Entführungen, die besonders verunsichernd in der Gesellschaft wirken. Die Fälle des Verschwindens sind dabei meist von kurzer Dauer. Nach wenigen Tagen werden die Opfer tot aufgefunden, zumeist mit Folterspuren. Verantwortlich für die Greueltaten sind zumeist die Todesschwadronen, welche mißliebige Personen auf diese Weise aus dem Weg räumen. Demgegenüber streitet eine seit 1976 verstärkt operierende Guerilla gegen die Streitkräfte. Schon 1977 reagiert die US-Regierung auf die anhaltenden Massaker in Indio-Gemeinden mit der Sperrung von Militärhilfen. Erfolg war der Regierung Carter allerdings nicht beschieden. Massaker zwangen immer mehr Indios in die Berge zu flüchten und die Guerilla nahm dies zum Anlaß sich zu Beginn der achtziger Jahre neu zu organisieren. Aus mehreren Organisationen EGP, ORPA, FAR und PGT wurde die Vereinigung der nationalen Revolution (URNG) in Guatemala im Jahre 1982. Die Generale Lucas Garcia und Rios Montt ließen zahlreiche weitere Massaker durchführen, in denen zehntausende Indianer ihr Leben ließen, bevor 1985 zum ersten Mal eine frei gewählte Regierung ans Ruder gelangte. Vinico Cerezo, einer der langjährig unter besonders starkem Verfolgungdruck lebenden Christdemokraten kam legal an die Macht aber mit nur wenig Handlungsspielraum gegenüber den Militärs. Eine Ahndung von Menschenrechtsverletzungen hatte kaum Aussicht auf Erfolg. Die Verfolgung ging weiter.

Als weiteren Grund für Verschlechterungen im Bereich der Menschenrechtslage spricht der UN-Experte Faktoren an, die mit dem Verkauf und dem Konsum von Drogen in Verbindung stehen. Der Drogenhandel, Infiltrierung der Drogenhändler, ihre Verbindungen zur Kriminalität und ansteigende Korruption wirken sich negativ aus. Auch die Guerilla nimmt er von den Verletzungen der Menschenrechte nicht aus, angesichts eines demokratischen Staates, der in seinem Pluralismus die freie Entfaltung der politischen Verschiedenheit in legitimer Form gewährleistet.

So hat auch der anno 1991 frei gewählte guatemaltekische Präsident Jorge Serrano sein Amt mit klarem Bekenntnis zur Achtung der Menschenrechte angetreten. Dennoch hörten Mord, Massaker und sonstige Menschenrechtsverletzungen nicht auf, so daß der damals in Bonn beheimatete Völkerrechtler und UN-Sonderbeobachter für die Menschenrechte Professor Christian Tomuschat Guatemala in einer Sackgasse wähnte.

Noch immer sind Menschenrechtsaktivisten, die Mißstände aufdecken und anprangern in Lebensgefahr. Dies gilt nicht nur für Guatemala. Führende Menschenrechtler wurden in den vergangenen Jahren in El Salvador, Guatemala und Kolumbien ermordet sowie in Uganda, Algerien und anderen Ländern inhaftiert. Die weitgehende Arbeit lokaler und internationaler Menschenrechtsorganisationen wird erschwert durch Drohungen, Festnahmen und Folterungen. Auch für die Arbeit dieser Menschen bedeutet die richtungsweisende Vergabe von Nobelpreis viel.

Richtungsweisend bleibt aber auch, daß 1993 eine große Zahl geflüchteter Guatemalteken, insbesondere "indigenas", ihren Weg aus dem Exil ins Land zurückgefunden haben. Dies geschah ungeachtet der Tatsache, daß im Frühjahr 93 Serrano sich zum Diktator ernannte und eine breite Opposition unter der Anleitung und Mitwirkung von Frau Menchu Tum den Rücktritt Serranos und die Beibehaltung demokratischer Verhältnisse veranlaßte. Ein Putsch wurde verhindert. Die Öffentlichkeit war wachsam.

V. Schlußwort

Kaum eine Zeit ließ je eine größere Spanne erkennen zwischen moderner Technik und Rückständigkeit, zwischen Integration und Vernetzung oder Ausschluß und der Vereinzelung. Lateinamerika nutzte seine Möglichkeiten mit dabei zu sein. Allein dies machen auch die vielfältigen wirtschaftlichen Verflechtungen deutlich. Zwar werden die demokratischen Regeln nach wie vor sehr eigenwillig ausgelegt. Dennoch sollte die Weltgemeinschaft nicht ungeduldig werden mit dieser kulturell sehr verschiedenen Region, die mit dem wirtschaftlich stärkeren Nordamerika wenig gemeinsam hat, außer - und auch das ist wichtig - eine Vielzahl von Pakten und Vereinbarungen.

Mit Interesse verfolgt man diesseits des Atlantk Bemühungen und Verfassungsänderungen, die häufig ein Mehr an Demokratie und eine Verbesserung vieler wirtschaftlicher Voraussetzungen zur Folge haben. Dennoch sind die Stabilisierungserfolge in den verschiedenen Staaten nicht auf einheitlichem Niveau.

Gründliches Scheitern kann schnell wieder den Ruf nach dem starken Mann, dem "caudillo" zur Folge haben. Der Autoritarismus in verschiedenen Varianten bleibt daher nach wie vor eine der regionalen Möglichkeiten.

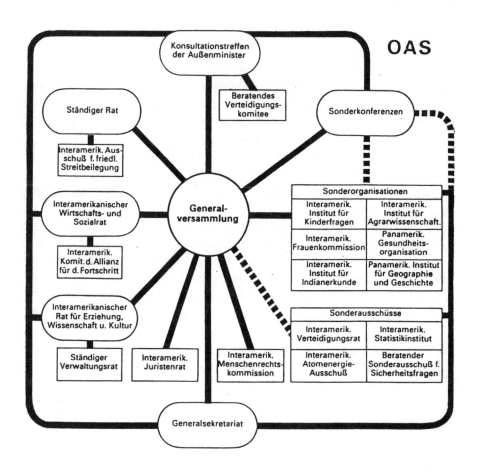

OAS

- Konsultationstreffen der Außenminister
- Beratendes Verteidigungskomitee
- Sonderkonferenzen
- Ständiger Rat
- Interamerik. Ausschuß f. friedl. Streitbeilegung
- Interamerikanischer Wirtschafts- und Sozialrat
- Interamerik. Komit. d. Allianz für d. Fortschritt
- Interamerikanischer Rat für Erziehung, Wissenschaft u. Kultur
- Generalversammlung
- Ständiger Verwaltungsrat
- Interamerik. Juristenrat
- Interamerik. Menschenrechtskommission
- Generalsekretariat

Sonderorganisationen

Interamerik. Institut für Kinderfragen	Interamerik. Institut für Agrarwissenschaft.
Interamerik. Frauenkommission	Panamerik. Gesundheitsorganisation
Interamerik. Institut für Indianerkunde	Panamerik. Institut für Geographie und Geschichte

Sonderausschüsse

| Interamerik. Verteidigungsrat | Interamerik. Statistikinstitut |
| Interamerik. Atomenergie-Ausschuß | Beratender Sonderausschuß f. Sicherheitsfragen |

VI. Anmerkungen

1) Als er am 7. Juli 1996 die Wahlen gewann, galt Abdala Jaime Bucaram Ortiz bereits als unberechenbarer Populist. Lateinamerikanischer Pressespiegel 6-7, 1996, Hamburg.
2) „Argentinien wächst zu einem der blühensten und vielversprechendsten Länder der Welt heran", Carlos Keller Sarmiento (Argentinien, Botschafter) im Rahmen der Ringvorlesung Lateinamerika auf dem Weg ins 21. Jahrhundert in Bonn (Vortrag).
3) Friedensvereinbarungen von Guatemala vom Dezember 1996, International Legal Materials 36, 1997, S. 258 ff.
4) Beim Gipfeltreffen vom 8. Mai der Staatschefs der mittelamerikanischen Staaten Costa Rica, El Salvador, Guatemala, Honduras, Nicaragua, Panama, anwesend: Bundespräsident Roman Herzog, der auch einer Einladung von Nicaraguas Präsidentin Chamorro folgte.
5) Auf Reformen und Entwicklungen in Bolivien weist Botschafter Orlando Donoso (Bolivien) 1997 im Rahmen der Ringvorlesung: Lateinamerika auf dem Weg ins 21. Jh., hin (Friedrich-Wilhelms-Universität zu Bonn). Seit 1994 ist Donoso Botschafter in Deutschland.
6) Deutschlands Interesse an enger Kooperation zwischen Brasilien und Mercosur betont Botschafter Roberto Abdenur (Brasilien), siehe GA Bonn vom 28.4.1997.
7) Abkommen von Brasilia 1998 über Konflikt Peru – Ecuador von 1995: Das symbolträchtige, aber kleine Gebiet von Tewinza, wird als Zankapfel Peru zugesprochen, welches es aber dauerhaft an Ecuador zur Nutzung übergibt. (1998 durch die Garantiemächte Argentinien, Brasilien, Chile und USA abgesichert)

8) Außenhandelsskizze: Der Handel mit Deutschland konnte während der positiven Entwicklung gesteigert werden.

Deutscher Außenhandel mit Lateinamerika
1990-1996 (in Mio. DM)

	Ausfuhren	Einfuhren	Saldo
1990	13.072	15.340	- 2.268
1991	13.457	15.830	- 2.374
1992	14.299	14.666	- 367
1993	15.229	12.510	2.719
1994	16.924	14.178	2.746
1995	18.747	14.920	3.827
1996	19.228	14.009	5.219

Dresdner Bank Lateinamerika AG,

9) Ein atlantisches Dreieck war auf der Lateinamerikawoche in Köln im Oktober 1996 im Gespräch. Der Verfasser war auf Einladung der Deutschen Welle dort.
10) Enterprise of the Americas Initiative. US-Department of State, Büro of Public Affairs (Current Policy No., 1288), Washington D.C., 1990.
11) Wrobel, Paulo, In: Foreign Affairs 74, 3 (1998). Sieht die Hauptkräfte in der verstärkten Globalisierung und zugleich die Regionalisierung in den 90er Jahren. Die FTAA sieht er erst 2020 voll einsatzfähig. (S. 561)

12) „Für's erste bleibt der FTAA ein imaginärer Traum". Fernando Enrique Cardoso in: El Clarin, 17.5.97.

13) In der Guerillafrage setzt Futjimori auf Härte und hat damit Erfolg. Am 14.7.1999 gelingt es, den Anführer der Sendero Luminoso (leuchtender Pfad maoistische Guerilla) Oscar Ramires festzunehmen.

14) Auf der OAS-Generalversammlung vom 6. – 8. Juni 1999 verabschiedeten die OAS-Staaten eine Konvention für mehr Transparenz bei Rüstungsgeschäften u.a. Liste von In- und Exporten muß vorgelegt werden.

15) Die Europäische Investitionsbank gewährt seit 1993 Kredite an Lateinamerika (bis 96: 400 Mio. Ecu; IRELA, 1996b, S. 41).

16) Am 9.10.1997 trug sich Mexikos Präsident Ernesto Zedillo Ponce de Leon in das Goldene Buch der Stadt Bonn in Gegenwart von OB Bärbel Dieckmann ein. Zitat Zedillo: „Mein Land befindet sich auf der letzten Etappe hin zur Demokratie".

17) Am 7. März 1999 schaffte die ARENA-Partei mit über 51 % den Wahlsieg und Präsident Francisco Flores kann bis 2004 in El Salvador regieren (Tribunal Suprema Electoral):

18) Nach dem Papstbesuch und auf dessen Aufruf hin gab es gewisse Lockerungen seitens der USA im Embargo. Vgl. Dirmoser, Dynamische Stagnation in Kuba. In: IPG, 1/1999, S. 28-37.

19) Das Helms Burton-Gesetz ist eine weitere Verschärfung des Torrincelli-Gesetzes vom Jahr 1992 (US-Kongreßbeschluß) gewesen.

20) Die US-amerikanische Einschätzung der Region in den 80er Jahren unterstreicht William K. Luers, CSSR-Botschafter der Vereinigten Staaten: „Es ist eine unruhige Region nahe unseren Grenzen und diese Unruhe berührt die Sicherheit einer Region, die von tiefem menschlichen, historischen und sicherheitspolitischen Interesse für die Vereinigten Staaten ist." Vortrag vom 28.3.1984 im Ibero-Club Bonn.

21) Dagegen halten Barrios/Boeckh einen erneuten Rückfall in den offenen Autoritarismus für nicht mehr möglich:siehe Harald Barrios/Andreas Boeckh,Demokratie in Lateinamerika. In:Aus Politik und Zeitgeschichte Zeitgeschichte,B 21/2ooo,S.1o ff.

Die Panamakanalzone

----Grenzen vor dem 1. 10. 1979; ▅■◗**Schleusen;** □ **Hauptquartier des U. S. Southern Command;** ○ **Militärbasen; H Heer; L Luftwaffe; M Marine; Maßstab 1:800 000**

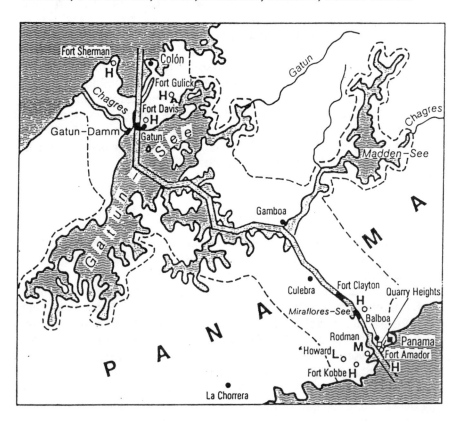

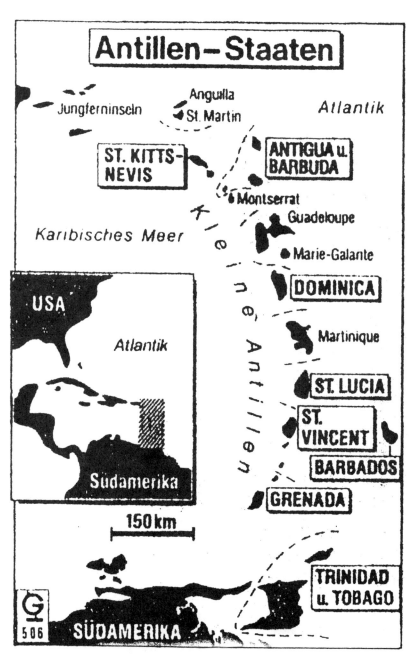

O. 98

Um demokratischen Wandel zu fördern nimmt Berlin im
Mai 2ooo entwicklungspolitische Beziehungen zu Kuba auf.

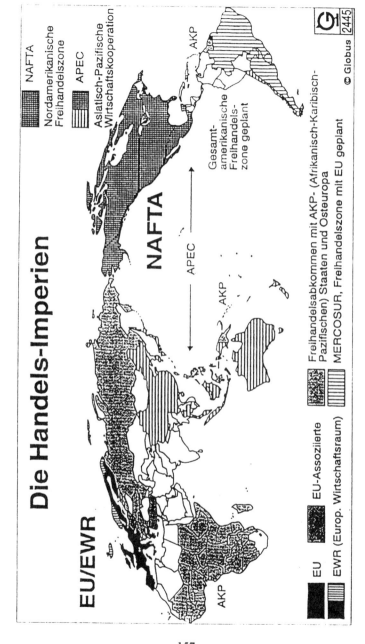

Die Handels-Imperien

EU/EWR

NAFTA

NAFTA
Nordamerikanische
Freihandelszone

APEC
Asiatisch-Pazifische
Wirtschaftskooperation

Gesamt-
amerikanische
Freihandels-
zone geplant

AKP

APEC

AKP

AKP

EU

EWR (Europ. Wirtschaftsraum)

EU-Assoziierte

Freihandelsabkommen mit AKP- (Afrikanisch-Karibisch-
Pazifischen) Staaten und Osteuropa

MERCOSUR, Freihandelszone mit EU geplant

© Globus
2445

I—El Salvador: Número de acciones militares en todo el país en 1986.

Departamentos	Ataque FMLN a/	Emboscada FMLN	Minas b/ FMLN	Sabotaje FMLN	Enfrentamiento FA/FMLN	Operative FA c/	Paro tráfico FMLN	Ocupación de lugar FMLN	Bombardeo FA	Total
Ahuachapán	1	—	—	1	—	—	—	.1	—	3
Sonsonate	2	1	—	4	—	—	—	1	1	9
Santa Ana	3	4	—	2	1	—	—	3	—	13
La Libertad	3	2	1	8	2	—	1	1	—	18
Chalatenango	18	4	3	1	19	10	5	7	10	77
San Salvador	13	4	—	23	6	—	2	2	1	51
Cuscatlán	13	2	3	3	12	8	—	2	6	49
La Paz	8	—	1	1	3	—	—	1	1	15
San Vicente	12	12	2	3	3	2	—	—	2	36
Cabañas	7	1	—	3	4	3	1	2	4	25
Usulután	12	14	7	21	6	5	1	7	3	76
San Miguel	13	2	—	3	7	3	—	1	2	31
Morazán	23	2	6	2	31	19	1	8	7	99
La Unión	5	2	—	2	1	1	—	1	—	12
Total	133	50	23	77	95	51	11	37	37	514

a/ Se refiere a ataques a posiciones fijas de la F.A. b/ Se van seleccionando las de mayor repercusion de bajas, no las trampas abandonadas. c/ Ver gráfica III. Se contabilizan las operaciones especiales anunciadas por COPREFA, no la actividad regular de las F.A.
Fuente: Inforpress en base a reportes de "Radio Venceremos" (FMLN) y boletines de COPREFA (Ejército), además del procesamiento de noticias de agencias de prensa y diarios salvadoreños, estadounidenses y mexicanos.

El Salvador:Das ganze Land im Krieg.Zahl der Militäraktionen nach Heeres-und Guerillaauskunft. (1986)

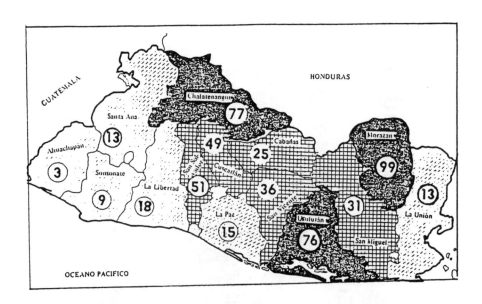

158

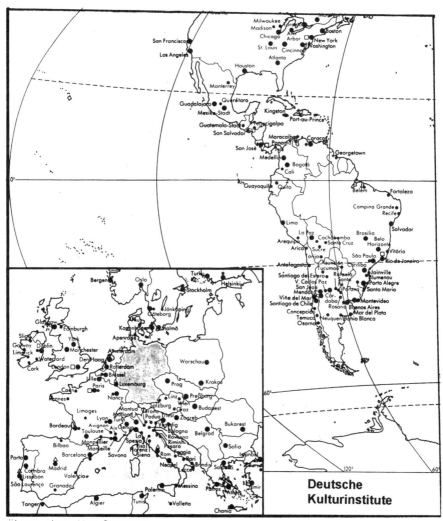

Deutsche Kulturinstitute

Über den Verfasser

Dr.Ingo Ossendorff,M.A.ist Publizist.Seit 1984 arbeitet
er für verschiedene Zeitungen,Zeitschriften,Verlage und
hält Vorträge.Er hat mehrere Bücher veröffentlicht,u.a.
Dänemark im II.Weltkrieg (1990),Lernziel Aussenpolitik
(1994),schrieb z.B.für die Zeitschrift Publizistik,und
für die Zeitung "Das Parlament".Er hat drei Kinder und
ist mit Frau Dr.Alexandra Ossendorff verheiratet.

VIII. Namensverzeichnis

V
Velasquez, Ramon   Villalobos
W
Wessey, Peter
Y
Yon Sosa, Marco Antonio
Z
Zedillo, Ernesto

BIBLIOGRAPHISCHE NOTIZ

Erstentwürfe zu (Teil-) Kapiteln des Buches sind
(nach jetziger Reihung) wie folgt veröffentlicht
worden:Urnengang in Ibero-Amerika.In Europäische
Sicherheit 2/95;Lateinamerika zwischen demokrati
scher Öffnung und hausgemachten Krisen.In Europä
ische Sicherheit 7/97;Südamerikanische Wege zur
Demokratie.In:Europäische Sicherheit 1o/97; Neue
Wahlen,neue Herrscher,neue Probleme?In:Europäisc
he Sicherheit 1/99;Mercosur-Partner der Zukunft?
In:Europäische Sicherheit 7/95;Die Europäische U
nion-Vorbild für den mittelamerikanischen Markt?
In:Europäische Sicherheit 1o/96;Der Andenpakt Zu
sammenschluß der Armen?In:Europäische Sicherheit
12/96;APEC-Die größte Handelszone der Welt.In:Eu
ropäische Sicherheit 3/97;MERCOSUR-ein aufstrebe
nder Markt.In:Europäische Sicherheit 1/98;Neue M
ärkte in Lateinamerika.In:Europäische Sicherheit
8/98;Freihandel für ganz Amerika-Ein Schritt zur
neuen Weltordnung.In Europäische Sicherheit 7/99
Amerikas Unruheherde. In Europäische Sicherheit
7/2000; Partnerschaftliche Beziehungen verstärkt.
In:Europäische Sicherheit 1/2000.

IX. Gruppierungen und Parteien

ARENA - Allianza Republicana Nacionalista (El Salvador)
Cambio 90-Wechsel 90 (Peru)
DP - Democracia Popular (Ecuador)
EGP - Guerillaarmee der Armen
ELN - Ejercito de Liberation Nacional
EZLN - Befreiungsheer Kolumbiens
FAR - Fuerza Armada Rebeldes (Guatemala)
FARC - Fuerza Armadas Revolucionarias de Colombia
FDN - Frente Democratica Nuevo (Guatemala)
M19 - Allianza Democratica-Guerillabew. (Kolumbien)
PDC - Partido Democrata Christiano (Chile)
PUR - Partido Union Republicano (Ecuador)
PR - Partido Revolutionario (Guatemala)
PRD - Partido Revolutionario Democratico (Panama)
PRI - Partido Revolutionario Institutional (Mexiko)
PUR - Partido Union Republicano (Ecuador)
PSDB - Partida de la Socialdemocracia Brasilera
UCR - Union Civica Radical (Argentinien)
URNG - Vereinigung der nationalen Revolution (Guatemala)

X. Abkürzungen

ACCSA - Südamerikanische Freihandelszone
AKP - Staaten des Lome-Abkommens
ALADI u. ALALC-Freihandelszone, MERCOSUR Vorläufer
Andenpakt-Mercado Commun Subregional
APEC - Asiatischer gemeinsamer Markt
ASEAN - Südostasiatischer Handelspakt
CARICOM - Karibischer Handelszusammenschluß
CEPAL-UN-Wirtschaftskommission für Lateinamerika
EAI-Gründungsinitiative zur FTAA
ECLAC=CEPAL
EU - Europäische Union
FTAA - Gesamtamerikanischer Markt
GATT - Allgemeines Zoll- und Handelsabkommen
IDB - Panamerikanische Entwicklungsbank
LAFTA-Vorläufer des Andenpaktes (11 Staaten)
MCCA - Zentralamerikanischer gemeinsamer Markt
MERCOSUR - Gemeinsamer südamerikanischer Markt
MTCR - Nichtverbreitungsvertrag für Kernwaffen und Raketen
NAFTA - Nordamerikanische Freihandelszone
OAS - Organisation Amerikanischer Staaten
OSZE - Organisation für Sicherheit und Zusammenarbeit in Europa
ROCAP - Regionalbüro für Zentralamerika und Panama
TAFTA - dt. Vorschlag für Transatlant. Freihandelszone
UNO - Vereinte Nationen
USA - Vereinigte Staaten von Amerika

Politikwissenschaft

Annette Blasberg

Der Diskurs von Ökologie und Risiko
Eine Analyse der programmatischen Aussagen der Grünen
Kaum ein Thema hat in den letzten 20 Jahren auf die Gesellschaft, Wissenschaft und Politik der Bundesrepublik derart intensiv eingewirkt wie die Ökologie. Ökologische Probleme gaben unter anderem den Anlaß zur Gründung der Partei Die Grünen, und Ökologie verleiht der Partei immer noch ihre Identität. Welche Inhalte diesen Begriff füllen, ist jedoch keinesfalls eindeutig. Mit Hilfe des Instrumentariums der Diskursanalyse wird der ökologische Diskurs der Grünen auf seine Darstellung und Vermittlung von Realität hin untersucht und der Frage nachgegangen, welche Natur diesem Diskurs zugrundeliegt.
Bd. 61, 2000, 256 S., 48,80 DM, br., ISBN 3-8258-4432-3

Mehdi Parvizi Amineh

Die globale kapitalistische Expansion und Iran
Eine Studie der iranischen politischen Ökonomie (1500–1980)
Dieses Buch stellt den Versuch dar, die Art und die Bedingungen für die Entwicklung und soziale Transition in den spät entwickelten Gebieten des globalen Kapitalismus im allgemeinen und im Iran im besonderen im Kontext der Kritischen Theorie der Internationalen Beziehungen und der Internationalen Politischen Ökonomie zu analysieren.
Auf theoretischem Gebiet übt das Buch eine radikale Kritik sowohl an der neorealistischen als auch an der Dependenz- und der Weltsystemtheorie der Internationalen Beziehungen und der internationalen Politischen Ökonomie.
In allen diesen Theorien stellen jeweils der 'Staat' und das 'System' die analytischen Einheiten der Wettordnungsanalyse dar. Die Kritische Theorie hingegen betrachtet Staatsbildung und zwischenstaatliche Politik lediglich als Momente der transnationalen Dynamik der Kapitalakkumulation und Klassenbildung. Die Kritische Theorie beruht auf einer historischen Methodik. Historische Veränderung wird als Konsequenz kollektiven menschlichen Handelns in bestimmten historischen Strukturen (Ideen, Institutionen und materiellen Möglichkeiten) verstanden, um so die dualistische Unterscheidung zwischen 'Agency' und 'Struktur' (den ahistorischen Strukturalismus und Determinismus in der Analyse der globalen Ordnung) zu überwinden und eine ontologische und epistemologische Grundlage für eine nicht-determinierte, doch strukturell begründete

Erklärung von Entwicklung und Veränderung zu liefern.
Diese Studie versucht von einem empirisch/historischen Gesichtspunkt aus, die lokale, soziale, politische, ökonomische und kulturelle Modernisierung und kapitalistische Transition und ihre Konsequenzen im Iran historischer Phasen, vom Zeitalter des Safawidischen Reichs im 16. Jahrhundert bis zur Iranischen Islamischen Revolution 1978/79 – Geschichte als Teil – unter verschiedenen Strukturen der kapitalistischen Weltordnung – Geschichte als Ganzes –, zu analysieren. Jede historische Phase ist von einer spezifischen sozialen Struktur gekennzeichnet von einem Staat/Gesellschaft-Komplex mit seiner bestimmten Gestaltung sozialer Kräfte), um so die Stellung des Landes in der Struktur des globalen kapitalistischen Systems zu bestimmen.
Das Buch liefert einen neuen theoretischen Beitrag zum Diskurs über die Analyse kapitalistischer Entwicklung und Transition in den spät entwickelten Ländern im Kontext der globalen politischen Ökonomie.
Bd. 62, 2000, 712 S., 89,80 DM, br., ISBN 3-8258-4439-0; gb., 148,80 DM, ISBN 3-8258-4440-4

Xiaoman Xu

Der Beitrag der deutsch-chinesischen Entwicklungszusammenarbeit zur Wirtschafts- und Politikreform in der Volksrepublik China
Diese Arbeit untersucht die Probleme und Erfolge sowie Defizite der deutsch-chinesischen Entwicklungszusammenarbeit. Einen besonderen Schwerpunkt legt sie auf die Einführung des Patentwesens und des dualen Systems in der Berufsausbildung, die beide von großer Bedeutung sind für ein marktwirtschaftliches System und die Steigerung der Produktivität in China. Sie analysiert sowohl die praktischen Bedingungen als auch die Ergebnisse der Zusammenarbeit zwischen den beiden Ländern. Außerdem werden die Probleme, die bei der Zusammenarbeit entstanden sind, behandelt. Aufgrund der Interviews und Untersuchungen werden Vorschläge unter verschiedenen Aspekten gemacht.
Bd. 63, 1999, 208 S., 34,80 DM, br., ISBN 3-8258-4402-1

Gerrit Stratmann

Donor Coordination of Economic Assistance to Eastern Europe
Mechanisms and Origins of Sectoral Governance in International Relations. Mit einem Vorwort von Hartmut Elsenhans
A major restriction to Western aid efforts has been a lack of coordination. The study on hand explores into the determinants of successful cooperation between bi- and multilateral donor

LIT Verlag Münster – Hamburg – London

Bestellungen über:
Grevener Str. 179 48159 Münster
Tel.: 0251 – 23 50 91 – Fax: 0251 – 23 19 72
e-Mail: lit@lit-verlag.de – http://www.lit-verlag.de

Preise: unv. PE

agencies at the example of Western aid to Eastern Europe in the period from 1990 to 1996. In raising the assumption that networking between international organizations cannot be stimulated by appealing to norm-oriented behavior but is contingent upon the existence of common interests, the idealist view of international relations is seriously challenged. Comparing different assistance sectors – energy, telecoms, mass privatization, agriculture, statistics, central banking, environment and education – it is shown that donor coordination is a form of collective action initiated by donors in response to sectoral market failure which is perceived as significant because it threatens the non-attainment of basic goals or inflicts own projects with high costs or risks.
Bd. 64, Herbst 2000, 288 S., 59,80 DM, br., ISBN 3-8258-4550-8

Studentische Arbeitsgemeinschaft 50 Jahre BRD (Hrsg.) Christina Oehrl, Sandra Sophia Schmidt, Thomas Terbeck
Die Bundesrepublik Deutschland – Eine Erfolgsgeschichte?
Am 19. April 1999, fast auf den Tag genau fünfzig Jahre nach der Verabschiedung des Grundgesetzes und damit der Gründung der Bundesrepublik Deutschland sowie zehn Jahre nach dem Fall der Mauer fand die feierliche Einweihung des neuen Berliner Reichstags statt, der als Sitz des Bundestages nun wieder Zentrum des politischen Lebens ist. In zahlreichen Festreden bekräftigten Politiker aller Parteien ihr Festhalten an den Werten der "alten" Bundesrepublik und betonten, daß der Ortswechsel nach Berlin keine Etablierung einer "anderen" Republik darstelle – worin ihnen die (ver)öffentlich(t)e Meinung und weite Teile der "geistigen Elite" beipflichteten. Diese nach innen wie nach außen signalisierte Wertschätzung des Systems der alten Bundesrepublik macht deutlich, daß es anscheinend einen Grundkonsens über die bundesrepublikanische Geschichte als "Erfolgsgeschichte" gibt.
Drei Studierende der Ruhr-Universität Bochum haben den fünfzigsten Jahrestag der Gründung der Bundesrepublik zum Anlaß genommen, dieser vermeintlichen Erfolgsgeschichte auf den Zahn zu fühlen. Sie organisierten für das Sommersemester 1999 eine interdisziplinäre Ringveranstaltung, in der Lehrende aus den verschiedenen Fakultäten zu Wort kamen und in Kurzvorträgen mit anschließender Diskussion Stellung zu den Kernfragen deutscher Zeitgeschichte bezogen.
Ziel der Veranstaltung wie auch des Buches sollte sein, einer pauschalen Antwort auf die Frage nach der "Erfolgsgeschichte" entgegenzuwirken – und zu zeigen, daß eine Universität als Bestandteil der

Gesellschaft sich auch mit dieser auseinandersetzt und offen für aktuelle Debatten unter Berücksichtigung ihrer historischen Hintergründe und wissenschaftlichen Bezüge ist.
Bd. 65, 2000, 192 S., 29,80 DM, br., ISBN 3-8258-4637-7

Bianca Többe
Bevölkerung und Entwicklung
Das Weltbevölkerungswachstum wird oftmals als eines der größten Zukunftsprobleme bezeichnet. Auch im Rahmen der in Hannover stattfindenden Expo 2000 gilt Bevölkerungswachstum in den Ländern des Trikonts als die Kristallisationspunkt für die Probleme der Menschheit.
Die vorliegende Untersuchung stellt die Annahme eines Überbevölkerungsproblems radikal in Frage. Es werden sowohl die historischen Ursprünge der heutigen Bevölkerungsdebatte beleuchtet als auch die Paradigmenwechsel innerhalb der internationalen Bevölkerungslobby dargestellt und diskutiert. Während Bevölkerungswachstum zu Beginn des internationalen bevölkerungspolitischen Engagements primär als ökonomisches Problem präsentiert wurde, so gilt es seit den siebziger Jahren sowohl als ökologisches als auch frauenpolitisches. Neben der kritischen Auseinandersetzung mit den Paradigmenwechseln innerhalb der bevölkerungspolitischen Debatte, zeigt die Autorin die konkreten Folgen des Überbevölkerungsdiskurses insbesondere für Frauen des Trikonts auf.
Bd. 66, 2000, 136 S., 29,80 DM, br., ISBN 3-8258-4832-9

Achim Hurrelmann
Verfassung und ökologische Krise
Verfassungstheoretische Lösungsansätze für Umweltprobleme
Seit 1994 ist der Umweltschutz im deutschen Grundgesetz als Staatsziel verankert. Doch der neue Art. 20a hat keine positiven Auswirkungen auf die deutsche Umweltpolitik gehabt. In diesem Buch wird daher erneut die Frage gestellt, ob eine Verfassungsreform zur besseren Bewältigung von Umweltproblemen beitragen kann. Ausgangspunkt für die Beantwortung der Frage sind verfassungstheoretische Überlegungen über Aufgabe und Wirkung von Verfassungsbestimmungen. Drei Modelle für eine ökologische Verfassung, die auf unterschiedlichen Verfassungstheorien beruhen, werden formuliert und auf ihren Beitrag zum Umweltschutz sowie ihre Auswirkung auf Rechtsstaat und Demokratie untersucht.
Bd. 67, 2000, 192 S., 34,80 DM, br., ISBN 3-8258-4871-x

Robert Lederer
Freiheit und Sozialismus
Bd. 68, Herbst 2000, 384 S., 69,80 DM, br., ISBN 3-8258-5002-1

LIT Verlag Münster – Hamburg – London
Bestellungen über:
Grevener Str. 179 48159 Münster
Tel.: 0251 – 23 50 91 – Fax: 0251 – 23 19 72
e-Mail: lit@lit-verlag.de – http://www.lit-verlag.de
Preise: unv. PE